西出长安第一城
丝绸之路上的

平凉市博物馆 编

王启峰 主编

 文物出版社

图书在版编目（CIP）数据

西出长安第一城 ：丝绸之路上的平凉 / 平凉市博物
馆编 ；王启峰主编. -- 北京 ：文物出版社，2025. 6.
ISBN 978-7-5010-8448-7

Ⅰ．K872.423.2

中国国家版本馆 CIP 数据核字第 20240SL643 号

西出长安第一城——丝绸之路上的平凉

XICHU CHANGAN DIYICHENG
——SICHOU ZHILU SHANG DE PINGLIANG

平凉市博物馆编　王启峰主编

责任编辑：王　伟
责任印制：王　芳
出版发行：文物出版社
社　　址：北京市东城区东直门内北小街 2 号楼
邮　　编：100007
网　　址：http://www.wenwu.com
邮　　箱：wenwu1957@126.com
经　　销：新华书店
印　　刷：雅昌文化（集团）有限公司
开　　本：889mm×1194mm　1/16
印　　张：19.25
版　　次：2025 年 6 月第 1 版
印　　次：2025 年 6 月第 1 次印刷
书　　号：ISBN 978-7-5010-8448-7
定　　价：368.00 元

平凉地处陕、甘、宁三省（区）交汇处，自古就是中华文明重要发祥地之一，因其特殊的地理位置，又是西域通往长安和中原地区的交通要塞，素有"西出长安第一城"之称，丝路文化遗存非常丰富。同时，这一区域也是民族交融、农牧交错和文化交流的枢纽地带，由此形成了平凉多姿多彩的文化形态，也为后世留下了许多有据可依的实物资料。

平凉市博物馆是我省为数不多的国家一级博物馆之一。近年来，在工作和学习的机缘下，我曾多次到平凉市博物馆及各县（市）博物馆参观交流，并受王启峰馆长的邀请参与了该馆陈列大纲的审定和宗教文物的鉴定等工作。在此期间，我被王馆长认真勤奋的工作态度和为此馆建设四处奔走所受苦辛的敬业精神深深感动，因此，我很愿为此馆的建设和陈列尽自己的一点绵薄之力，对王馆长提出的有关问题有问必答，一时不能解决的查找资料后再予以回复。在新馆建成布展前后又赴实地考察并提出了一些建议。现今我亲眼看到了平凉市博物馆自 2019 年 9 月新馆开馆后所发生的巨大变化，各项工作不断在我省文物事业中崭露头角，可喜可贺！而这也正是我国中小博物馆事业繁荣发展的一个缩影，并且在几代平凉文博人的辛勤努力下，馆藏已有 14632 件，其中珍贵文物 1394 件，以商周青铜器、汉唐铜镜、宋金元瓷器、明代韩藩遗存、道教和佛教造像最有特色。为了落实习近平总书记关于"让文物活起来"的重要指示，他们在现有基本陈列的基础上精心编纂了《西出长安第一城——丝绸之路上的平凉》一书，分为历史文化陈列、佛像艺术陈列、道文化陈列三大部分，内容涉及范围广泛，从古生物化石到历史文物，再到宗教艺术，系统梳理了平凉从远古至明清各个时期的历史面貌和文化特征。该书资料翔实、图文并茂、综合性较强，尤其结合相关历史文献及重点文物凸显了平凉在古丝绸之路上的重要地位，弘扬了平凉优秀地域历史文化。值得称赞的是，书中对于每件文物的出土地点及相关内容都作了详细描述，一些青铜器铭文、墓志铭文、石刻造像资料为首次公开，为广大读者进行学习和研究提供了极大便利。

"丝绸之路"一词源于 19 世纪末，它不是指单一的"道路"，而是一个不断变化的动态路线网络。作为一种文化遗产形态，它既是实证古代东西方交往的活化石，又是当今构建人类命运共同体的催化剂，积淀着历久弥新的时代精神。从历史的角度来看，一个地区的发展从来都不是封闭的，是在与周边地区频繁交往、交流、碰撞、融合过程当中向前发展的。平凉自古就是多民族融合和多元文化发展的汇聚地，境内的西戎文化、中原文化、西域文化以及少数民族文化交流过程中所形成的物质文化遗产均体现了这一特征，从图录中的寺洼文化陶器、西周白草坡墓出土青铜器、西文铅饼、佛教造像等大量文物中都能够反映出来。因此，本书所展示的不仅是平凉这一地区的地方文化史，更为我们呈现了在当时历史的大环境、大文化背景下，平凉处于丝绸之路北线东端这一特殊的交通节点，各个文化之间交流互通的代表性成果，更是承载着丝绸之路的特质与精神内涵。

平凉市博物馆编纂的这本图录，集萃了平凉丝路文物菁华，凝聚着平凉文博工作者多年的努力和积淀。我相信，这本图录的出版能够使广大读者对于平凉与丝绸之路的历史背景，平凉丝路文化遗产的内涵与价值有更多地了解，从而起到宣传平凉灿烂辉煌的历史文化，激发民族自豪感和文化认同感的重要作用。同时我也期待平凉市博物馆能够将更多的馆藏文物公开展示，继续讲好平凉故事，编选更多的书籍，以飨读者，为弘扬中华优秀传统文化作出应有贡献。

是为序。

杜斗城

平凉市博物馆新馆《西出长安第一城——丝绸之路上的平凉》基本陈列已经落成并开放近 5 年了。近日，启峰馆长请我为展览图录作序，我欣然允诺，并为之高兴。看到图录样书，我感慨良多，瞬间忆起那座在西北黄土高原拔地而起的宏伟建筑，它位于道源圣地崆峒山脚下，枕着日夜奔腾的古老泾河，诉说着平凉这座丝路古城的前世今生。本人有幸被启峰馆长多次邀请，先后两次赴平凉参与审定展览形式设计方案并指导实施陈列展览项目，算是亲历和见证了这座博物馆的崛起及启峰馆长和他的团队背后所付出的努力与艰辛。建成后跃升为国家一级博物馆，基本陈列重点篇章"陇宝泾华"入选国家文物局 2020 年度重点推介"弘扬优秀传统文化培育社会主义核心价值观"百项主题展览；2022 年度又获得了甘肃省博物馆陈列展览精品评选活动"最佳制作奖"，在甘肃甚至全国崭露头角并不断发挥自身的影响力和行业示范作用。

《西出长安第一城——丝绸之路上的平凉》主题陈列是由《陇宝泾华——平凉历史文化陈列》《汉风藏韵——佛像艺术陈列》《道源崆峒——道文化陈列》三个专题陈列组成，展出文物近千件，包括"静宁七宝"、白草坡青铜器、佛祖舍利金银棺、崆峒佛道造像等 100 多件重量级文物。展览成功地展示了平凉地方历史文化的突出特点和文物艺术的瑰丽面貌，多角度、全景式展示了平凉深厚的历史积淀、鲜明的地域文化和璀璨的人文精神，描绘了地区源远流长的历史画卷，彰显了平凉这座古丝绸之路上的节点城市多元融合、兼容并蓄的文化传统，凸显了平凉在历史上作为"西出长安第一城"的重要地位。

《西出长安第一城——丝绸之路上的平凉》主题陈列作为平凉市博物馆基本陈列，在陈列主题选定、内容展示及形式设计的整个过程中，都是从地方自然地理、历史文化、发展变迁的规律出发，突出地域文化色彩，整合地域文化的重点和亮点，提炼地方特色，打造平凉印象。在展览主题及内容展示上，从华夏文明发祥地、丝路要驿到陇右名郡，在大通史基础上系统讲述平凉历史文化发展脉络的同时，浓缩提炼出以百里石窟长廊和大云寺舍利套函、窖藏佛像为代表的佛像艺术和以崆峒文化为代表的道源文化等专题，彰显平凉文化的多样性，揭示平凉在古丝绸之路的宏大背景下所形成的多元一体的文化格局。

展览以文物组团及专题组合的形式，综合运用多媒体手段和主题场景展示重点难点，通过艺术表现手法烘托展览氛围，打造出长 1038 米全景式多维度的沉浸式展陈空间。通过营造"景中景"调控展览节奏，将雕塑绘画艺术品、模型沙盘、复原场景、虚拟演示、互动展演等艺术手段，与文物展柜、版面有机结合，将文物放入特定背景中进行深层次解读与阐释，构建不同的叙事空间；采取"馆中馆"方式凸显重量级文物，引导观众在感官满足、获取知识、领略内涵和引发思考等不同层面均有收获，最大限度展现平凉地域文化的丰茂与深邃。

一个特色鲜明的展览，不仅表现为展示内容的选择及主题的凝练，更直观表现在展览的形式设计当中。各单元围绕展示主题提炼出最具代表性且独有的文化元素符号，从视觉上营造出直观鲜明的文化个性和不同的陈列氛围，以增强地域文化的艺术表现力和情绪感召力。例如在"道源崆峒——道文化陈列"专题中，序厅隔墙边缘的仿古式样门阙将展厅空间有效分割，使序厅形成半封闭式的独立空间，背景墙为崆峒山自然人文景观巨幅写实油画，顶部以八卦符号为原型设计制作独特光带和吊顶，展览名称和前言文字以古朴苍劲的字体镌刻于背景墙前面两块奇石之上，松树、仙鹤及白色鹅卵石等点缀其间，并于序厅空间中心位置陈列重量级文物——鎏金铜玄武。序厅空间整体设计色调将道文化清净自然、虚实相生的审美情趣表现得淋漓尽致，营造出浓厚的道文化空间氛围，并点出了崆峒道文化的展示主题，具有较高的观赏性、教育性和艺术性，给观众留下深刻的印象。

陈列展览是博物馆特有的语言，是博物馆实现文化传播、参与构建社会文化的直接载体和核心手段。平凉市博物馆创新展陈理念，凝练展示主题，将传统与现代完美融合，以大众文化思维和现代技术手段演绎传统文化，使观众愿意走进博物馆，喜欢看，看得懂，从而实现其教育使命。展览通过全息幻影、三维动画、甩屏游戏、互动查询屏等多种形式的多媒体辅助手段，将展厅的纯物理空间拓展为"物理＋虚拟"的复合空间，将静态的展陈空间打造为人机互动的动态展示空间，以通俗而趣味的展示内容，立体而多元的展示形式，打造了优质的展陈空间，使展览的内容和主题得以升华。其中"始见平凉"动画视频，以前秦灭前凉的历史事件为背景，采用了长达8米的落地弧幕系统播放三维动画，向观众讲述平凉之名的由来，浩荡的历史场景，震撼的视觉冲击力，达到了沉浸式体验效果。如此等等，这些多媒体展项既对展览内容做了深入的阐释，又强化和拓展了展览的教育职能，使博物馆真正成为传统文化的传播中心。

作为西北地区的一个中小型博物馆，平凉市博物馆在展览策划中克服了资金投入有限、专业策展人员不足等重重困难，启峰馆长先后组织业务人员参加国家、省级策展培训班不断学习，无数次召集博物馆研究领域的业务人员对展览大纲进行补充修改，多次奔赴兰州、西安、北京等地邀请知名学者、专家组织座谈会，从历史文化、展览内容及形式设计等各个角度对展览诊脉、把关，通过无数次的讨论、修订，首次以展览的形式对平凉历史文化做了高度的概括和阐释，达到了较高的学术成就。如将文物以信息组团及专题组合的形式展出说明某一历史时期的发展成就；参考史料和最新学术研究成果首次绘制出平凉段丝绸之路路线图；结合史料及平凉地理地貌环境特点制作平凉府城沙盘、安口窑复原场景等等，将枯燥的史料典籍及考古研究成果以可视化、可触摸的实物呈现，使得模糊的历史得以生动、准确的叙述和演绎，并且展览以诗意的、饱含热情的、优美的笔触书写文字，叙述悠久的历史，唤醒古老的记忆，传承优秀的文化。

　　《西出长安第一城——丝绸之路上的平凉》主题陈列全面贯彻落实习近平文化思想，立意高远，价值导向鲜明，倡导观者以高度的文化自觉关注个体、家国及人类命运的发展，弘扬丝路精神，促进文明互鉴，为推动"一带一路"建设行稳致远及加快构建"人类命运共同体"意识提供了重要文化滋养和精神支撑，是集思想性、科学性、知识性和艺术性为一体的高品质原创主题展览，在中小型博物馆陈列中具有代表性和示范作用。《西出长安第一城——丝绸之路上的平凉》展览图录的编辑出版，将为更多的中小型博物馆基本陈列策划提供典范与参考。

追索历史痕迹 探寻中华文脉

平凉位于甘肃省东部，陕、甘、宁三省（区）交汇处，地处东经105°20'-107°51'，北纬34°54'-35°46'之间，枕陇山，跨泾渭，东出子午，西通河西，南联关中，北控萧关，历来是西域通往长安和中原地区的交通要塞，素有"西出长安第一城""陇上旱码头"之称。全市辖崆峒区、华亭市以及泾川、灵台、崇信、庄浪、静宁5县和平凉工业园区，总土地面积1.1万平方公里，海拔在890-2857米之间，年均气温8.5℃，降水量在450-700毫米之间，四季分明，是宜居宜游的康养福地。

《史记·五帝本纪》记黄帝"披山通道，未尝宁居。东至于海，登丸山及岱宗；西至于空桐，登鸡头"，是古籍中与本地区有关的最早记载。《世本·姓氏篇》记："空同氏子姓，盖因空同山也。"这是空同氏见于史料的最早记录。前秦建元十二年（376年），符坚灭前凉，置平凉郡，取"平定前凉"之意，"平凉"作为地名始见于史册。特殊的地理位置和人文结构，使得平凉在传承民族文化、吸收外来文化并加以融合的历史进程中发挥了重要作用。千百年沧桑岁月的积淀和一代代故土斯民的创造与积累，熔铸了平凉悠远、深厚的历史文化。

中华文明的重要发祥地之一

平凉境内，以关山为主体的高山和以黄土为主体的高原构成了这块土地的脊梁。泾河和渭河水系的长期冲刷，导致水土严重流失，形成了沟、壑、梁、峁等多种地理形态，其中暴露出的各个地质时期的地层剖面，为我们研究平凉远古地貌提供了重要的实物资料。

20世纪初期，地质工作者曾在平凉太统山一带发现笔石化石；20世纪80年代，华亭、平凉、崇信等地发现大量狼鳍鱼化石和栉羊齿、裂银杏等单体植物化石；泾川郑家沟、泾明白家牛角沟、灵台雷家河小石沟等地发现鬣狗、大象、三趾马等动物化石；1981年在平凉大秦沙塬村发现的古象化石，经中国科学院古脊椎动物与古人类研究所断定为古象新种，被命名为"平凉古菱齿象"，填补了亚洲象进化史上的一个缺环。这些重要发现为我们认识平凉古地理、古气候、古环境提供了确切的地层和古生物依据，具有重要参考价值。

中华文明强大的文化基因，其根系可以追溯到旧石器时代。平凉境内发现的旧石器时代遗址主要分布在泾河两岸，泾川大岭上遗址距今约 60 万年，是甘肃境内首次发现的早期旧石器时代文化遗存。泾川牛角沟遗址发现的人类头骨化石，经中国科学院古脊椎动物与古人类研究所研究论证，为 20 岁左右的青年头骨，距今约 5-3 万年，在人类进化系统中处于晚期智人阶段，其人种特征与蒙古人种相符，被命名为"泾川的晚期智人化石"，进一步回答了现代中国人起源的相关问题。静宁县南部治平的古成纪，已被史学界公认为伏羲氏的降生地，而伏羲是早于黄帝的华夏族的始祖，也从侧面印证了平凉作为中华文明发祥地的重要地位。

人类从害怕火到认识火、利用火经历了相当漫长的岁月，随着人类掌握了火的使用方法，逐渐学会了制作陶器，利用石灰石烧制白灰，将其涂抹在地面和墙壁上，使其美观，并且通过烧制地面来进行防潮，这些都带给人们无数的启迪与智慧。截止目前，平凉境内发现新石器时代遗址 1000 余处，仰韶文化遍布陇山左右及泾渭流域，马家窑文化主要分布在渭河流域，常山下层文化也多有发现。从时间上看，常山下层是仰韶文化向齐家文化的过渡类型，而齐家文化和陕西龙山文化关系密切，为新石器时代晚期向青铜时代过渡的文化类型。齐家文化以特色鲜明的陶器体系，以及先于中原掌握的冶金术和自成一体的玉文化体系为主要特征，馆藏齐家文化代表陶器有双大耳罐、高领折肩罐和镂空豆等，平凉境内包括庄浪、静宁、灵台乔村遗址还出土了大量齐家文化（包括陕西龙山文化和常山下层文化）玉器，"静宁七宝"堪称优秀典范，其材质之美、制作之精、文化特征之鲜明，证明早在四千年前，平凉先民就有了治玉用玉的印记。

平凉素以"道源圣地"著称，追溯崆峒道文化的初始，是以《庄子·在宥》中记载的"黄帝立为天子十九年，令行天下，闻广成子在于空同之上，故往见之"为蓝本，黄帝时代距今约 4700 年，文物工作者曾在崆峒山一带发现齐家文化、仰韶文化遗址，从出土器物可以一窥这一时期的文明，进一步印证黄帝登临崆峒的可能性。

多元民族文化融合的化合区

公元前 2000 年左右，中国进入青铜时代，经夏、商、西周和春秋时代，大约经历了 15 个世纪。寺洼文化是青铜时代甘肃境内地域属性明显且独具特色的一种文化遗存，存续年代大致在公元前 1400 年至公元前 700 年之间，学界普遍认为寺洼文化是氏羌系统的"西戎"文化考古遗存，平凉境内的寺洼文化遗址主要集中在崆峒区安国镇和庄浪县，有崆峒区东沟遗址、庄浪徐家碾遗址、庄浪柳家遗址等，出土文物以馆藏马鞍口双耳陶罐最具特色，考古界称之为"寺洼文化安国式"（或"安国类型陶器"）。通过相关考古发掘可以发现，寺洼文化与同时期的先周文化、齐家文化、秦文化存在一定的互动交融关系，但在体现深层次精神文化认同的丧葬传统方面，依然表现出了非常明显的自身族群文化认同感。最终，伴随着周秦势力及其文化的强势崛起，寺洼文化族群主体逐渐融入华夏民族共同体之中。

周人族源，是中国上古史研究中受人注目的一个主题，通过对相关文献记载及考古材料的分析，学界目前对周人早期生活情况有了较为一致的认识，其中关注最多的是碾子坡和郑家坡两类文化遗存，碾子坡类遗存分布在泾水上游，东界泾河，西到甘肃平凉，南近岐山。胡谦盈根据碾子坡发掘资料，结合文献所记载狄戎进入周原前的特性，以及周人祖先迁徙地的地理位置，认为周人起源于泾水上游的庆阳、长武一带。而关于《史记·周本纪》记载的："不窋失其官，而奔于戎狄之间"，一般认为是在咸阳以北陕甘交界的区域，也就是庆阳地区。商周时期，泾阳、太原是周人与戎人交战之地，明末清初学者顾炎武认为泾阳、太原就在平凉、固原一带。

商末，平凉地区南部今灵台县境有密须国；今泾川县境有共国、阮国，共、阮是周之属国。密须国为姞姓，为商的方国，势力较为强大，密须国联合崇国，侵占邻邦阮国，周文王以此为契机伐灭密须国，这场战事在《诗经》中有完整记载。周初，平凉地区是周与戎族接壤的地带，各县都曾发现周代墓葬，南部较多，以灵台白草坡墓葬和崇信于家湾墓地较为著名，白草坡出土的人头形銎戟（现藏于甘肃省博物馆），以其独特的人头刻画造型，引起了学术界的广泛关注，其形象与中原华夏族迥然不同，带有较为明显的欧亚草原印欧人种特色，在一定程度上反映了商周时期中原华夏族与西北狄戎族群的矛盾冲突与互动交融关系。

春秋战国时期，平凉境内为秦与戎的接壤地带，秦之先祖非子曾牧马于汧渭之间，秦襄公派兵送平王东迁有功，被周分封为诸侯。此后泾河上游有乌氏戎，陇山以西有绵诸、昆、翟獂之戎，泾、漆以北有义渠、大荔、乌氏、朐衍之戎。秦人和戎族共同谱写了平凉的历史，铸造了多元特征的平凉文化。平凉境内比较确定的秦文化遗址是静宁境内的"战国——秦长城遗址"，最早为秦昭襄王时期所修，以阻挡羌戎和匈奴的骚扰。1974 年，甘肃省文物工作队在崆峒区庙庄发现两座战国晚期秦国贵族墓葬，出土了鼎、鼎形灯、壶、洗、匜、镜、带钩、印及兵器等青铜器物，为研究秦人在西北地区的生活状况提供了重要实物资料。早期秦人所在的甘肃东南部以及关中西部地区是连接中原文明与西方文明的必经之路，馆藏春秋战国时期青铜鍑、青铜鹿、动物形牌饰等器物，以及泾川县出土的翼兽形提梁盉（现藏甘肃省博物馆），皆是早期中西文化交流的重要物证。由于平凉地处中原农耕与西北游牧民族的交界处，各种文化在此交融碰撞，留下了辉煌灿烂的文化遗产。

"丝绸之路"北线东端重镇

平凉踞泾水上游，依陇山天险，特殊的地理位置赋予了这片土地独特的活力与魅力。秦汉以降，平凉成为中原通往西域和丝绸之路北线东端的交通孔道、军事要冲和商埠重镇，平凉的历史文化与丝绸之路的兴衰紧密相连。秦穆公时期平凉境内开始纳入秦人的势力范围，一直到秦统一六国建立大秦王朝，平凉都发挥了极其重要的作用。《史记》中关于秦与平凉相关的记载有两条：一是秦始皇登鸡头山（崆峒山）。"二十七年，始皇巡陇西、北地，出鸡头山，过回中"。秦始皇几次出巡，客观上促进了各地交通事业的发展；二是大秦富商乌氏倮。"乌氏倮畜牧，及众斥卖，求奇缯物，间献遗戎王……秦始皇帝令倮比封君，以时与列臣朝请"。乌氏是县名，倮是人名，乌氏县是平凉历史上最早的县份之一，按当时的行政区划属秦陇之地，也就是现在平凉北部和固原南部这一带。乌氏倮利用位于长城沿线与少数民族接壤的地理优势，与少数民族戎王进行交易，戎王用牛马换来丝绸，而乌氏倮也为秦国提供优质的军马，从侧面反映了丝绸之路开通之前，丝绸之路沿线的贸易已经非常繁荣。

关于丝绸之路平凉段，1974 年，甘肃居延考古队在内蒙古自治区额济纳旗破城子遗址发掘到一枚王莽时期的木简，上面记录了长安到张掖郡氏池（今张掖市）的 20 个驿置之间的里程。驿置，亦即驿站，为古代交通枢纽，是官方为行人提供休息和住宿的场所。该里程简记载内容共 4 组，其中的一组介绍了途经平凉——高平（今宁夏固原）5 个驿置之间的里程：

月氏至乌氏五十里　乌氏至泾阳五十里

泾阳至平林置六十里　平林置至高平八十里

这段途经泾河川道的古道，起点为月氏（今白水镇），途经乌氏（今十里铺大岔河一带）、泾阳（今安国镇油坊村）、平林置（今固原南），终点站为高平（今固原市原州区），总里程 240 里，其中的月氏、乌氏、泾阳 3 个驿置间 100 里均在今平凉境内。居延汉简中的里程简成为古丝绸之路经由平凉的直接证据。

汉承秦制，汉初平凉仍属北地郡，汉王朝经过 60 余年的休养生息，民丰物阜，国力充实。汉武帝征伐匈奴，全面开通丝绸之路，建立起空前强盛的帝国，后相继建立河西四郡，在陇东置安定郡，平凉从国家的边防地带变为接近京师的腹地。其时，崇信和华亭南部属右扶风，陇山以西的静宁、庄浪先后属天水郡和汉阳郡所辖。据《汉书》记载，武帝曾先后 6 次到达安定、北地。武帝之后至西汉末，百余年没有外患，人们生产生活稳定，经济发展，是历史上少有的太平时期。平凉境内发现的汉代墓葬，出土有大量的精致陶器，说明当时手工业生产也达到了相当高的水平，馆藏彩绘陶楼院、陶灶、陶动物、绿釉吹箫陶俑等为代表的明器均体现出汉代的社会生产生活面貌和家庭养殖的兴旺。同时，辖区内出土西文铅饼、汾阴侯铜釜、安定郡库鼎、建宁元年作鼎等珍贵器物，也为研究两汉时期的郡县地望、丝绸之路沿线的东西方文化交流提供了重要的佐证。

两汉时期中国的封建经济空前繁荣，手工业生产的规模和水平都有了很大提升，金属铸造工艺不断进步，馆藏铜镜以汉代为最，且工艺精美，有星云镜、连弧纹铭文镜、草叶纹镜、规矩纹镜、禽兽纹镜等类型，皆为汉代流行镜类。其中星云镜又称"百乳镜"，其形状似天文星象，故有星云之名，流行于西汉中期武、昭、宣帝时期；连弧纹镜是以内向连弧纹为主题纹饰，铭文处于装饰从属地位，馆藏连弧纹铭文镜类有日光连弧纹镜、昭明连弧纹镜、铜华连弧纹镜等，主要流行于西汉晚期；规矩纹镜主要流行于西汉末至东汉初，以王莽时期的铸镜最为精美，这些精美的铜镜无一不反映出汉代人们思想意识及社会潮流的变迁状况，具有重要历史价值。馆藏东汉博山盖神兽纹铜樽无论从博山盖精湛的模铸、细线錾刻等制作工艺，还是从富丽堂皇、栩栩如生的动物神兽纹等装饰内容上看，都代表着汉代青铜艺术的巅峰。

时序进入政权更迭频繁的魏晋南北朝时期，平凉作为中央政权的西北门户，经历了北方民族政权迭起的纷争岁月。西晋安定郡乌氏县（今平凉市）人张轨开国建立前凉，张轨及其后裔据河西，传 9 代历 76 年。由氏族建立的前秦，传至苻坚时重用汉人王猛，励精图治，国家强盛，最终成功统一北方。前秦建元十二年（376 年），苻坚灭前凉，置平凉郡。这一时期，市境内安定梁氏家族、朝那皇甫氏家族、临泾胡氏家族等世家大族逐渐形成，对平凉乃至全国政治、历史产生重大影响。馆藏北朝白玉钗首、北周白玉戒指，制作精良，成为研究当时贵族生活的重要实物资料。

随着丝绸之路的开拓与发展，佛教于东汉明帝（57-75 年）时传入我国，在洛阳修建了第一座佛寺——白马寺。十六国时期（304-439 年），佛教在平凉落地生根，1976 年在泾川县玉都公社太阳墩大队出土的鎏金铜带华盖佛坐像（现藏甘肃省博物馆），其造型显现出外来佛教艺术进入中土后逐步融入中国审美趣味的特征，是我国早期佛教造型的艺术珍品。随着北魏统一北方，平凉位于丝绸之路北线要冲，遗留下大量佛教文物及石窟艺术遗存，泾川南石窟寺、王母宫石窟、罗汉洞石窟、华亭石拱寺、庄浪云崖寺等均为这一时期开凿，泾川境内的石窟沿丝绸之路在泾河两岸开凿，数百年连续不断，形成了国内罕见的"百里石窟长廊"独特景观，可以想象当时丝绸之路商旅往来的繁荣景象。在崆峒区四十里铺的潘原古城，先后出土石造像塔、碑残件 40 余件，其中有纪年的为北魏时期。此外，基本陈列中展出的张丑奴造像碑、路氏造像塔（华亭市博物馆藏），以及宝宁寺供养佛舍利，雕刻有佛传故事、双狮图案，或刻有供养人及发愿文，纪年明确，均为北周佛教艺术的上乘之作。这些珍贵的佛教艺术遗存，皆是中西文化交流的可靠物证。

隋唐以降，平凉作为中原通往西域和古丝绸之路北线东段的军事要冲和商埠重镇，在促进东西方贸易往来与文化交流等方面发挥出巨大作用。隋代在陇山以西设立陇右牧，至唐代发展为庞大的官办牧场。唐代设关内道，平凉辖境多属之。唐中叶后，吐蕃势力已达陇山东麓，平凉地区时受突厥、吐蕃侵扰，围绕这里发生了许多影响重大的战事，著名的有泾州之战、西原大战、平凉劫盟等。1974 年，庄浪县出土了一批铜质虎符，计 14 枚，现馆藏有 5 枚，其余收藏于中国军事博物馆、甘肃省博物馆及庄浪县博物馆，是研究隋代府兵制度的珍贵实物资料。平凉境内还存有许多隋唐时期流传下来的建筑遗迹，如武康王庙、泾州古城遗址等。灵台县梁原乡坟家山唐墓是目前发现的一座保存较为完整的唐代墓葬，出土了很多珍贵文物，尤以彩绘天王俑、镇墓兽、胡人俑、骆驼俑等（现藏于灵台县博物馆）最为精美，反映了唐代丝路贸易文化交流带来的西方文明与中原文明的交融。

隋唐时期，国家统一，中外文化交流频繁，佛教艺术达到顶峰。其中馆藏唐代小型金铜造像以观音菩萨像居多，尺寸在 5-16 厘米之间，制作精美，体态丰满圆润，眉目清秀，缯带飘垂，是唐代佛雕黄金时代的代表作。1964年，泾川县城关公社水泉寺村发现唐代大云寺佛祖舍利套函（现藏甘肃省博物馆），佛祖舍利的问世，轰动海内外，被评为当年"中国十大考古发现之一"，郭沫若先生给予了高度评价："舍利石函，贵在石函！"五重套函因之被定为国宝级文物。《中国大百科全书·考古学》称：泾州大云寺地宫和舍利石函中的金棺银椁，最早将中国传统棺椁葬制引入佛教文化，反映了唐代在舍利瘗埋制度上的划时代变革。而隋文帝择泾州建舍利塔，武则天敕泾州建大云寺，也足以证明佛教文化在泾河流域的流播和盛行。

塔式罐是中华文化与印度文化交流的产物，从考古发现来看，塔式罐在整个唐代形制变化较大，初唐至盛唐时期，器身较矮，造型浑厚敦实，丰肩，鼓腹，腹下渐收，平底，宝塔形钮盖，覆盆形底座；盛唐至中唐时期，器形趋于窄细而高耸，座身分离；装饰日益繁多，多采用浮雕、模印、贴塑等手法，纹饰有兽首、莲瓣纹、宝相花、云气、人物等，带有浓厚的宗教色彩以及域外装饰艺术特征；晚唐时期，器身复归低矮，底座造型多变。馆藏彩绘陶塔式罐形制不一，还有模印人物塔式罐座，多为盛唐至中唐时期的产品。

由于经济的繁荣，隋唐时期手工业相当发达，铜镜制作工艺也有很大发展，不仅有十分高超的磨镜技术，还有金银平脱、鎏金、捶银以及镶嵌螺钿、松石等特种工艺。在造型上也多有创新，除了传统的圆形，还出现了葵花形、菱花形、亚字形、带柄铜镜等新样式。馆藏花式镜有双鸾双麒纹菱花形铜镜、鸾鸟纹葵口铜镜等，此类镜形既受到外来金银器多曲器形的影响，也受到战国、汉代铜镜镜钮区域纹饰的影响，将纹饰变化成了器形，是对汉代艺术和外来艺术的传承与创新，反映了丝绸之路东西方艺术的融汇。

陇上名郡，一方形胜

宋金元之际，平凉处在北宋政权与少数民族政权争锋的结合部。北宋时，党项族在今宁夏一带建立了西夏政权。宋仁宗康定二年（1041年），西夏侵渭州（今平凉），宋军大败。为了加强防御，朝廷重用了一批能征善战的将军，任命韩琦知秦州（今天水），王沿知渭州（今平凉），范仲淹知庆州（今庆城县），滕子京知泾州（今泾川）。由于范仲淹、滕子京二人戮力同心，巩固防务，泾州防线局面渐趋稳定。1115年金国建立，灭亡辽国又图南宋，1127年靖康之变中北宋灭亡，形成了西夏、金、南宋三足鼎立的局面。在风起云涌的抗金热潮中，涌现出了著名的平凉籍抗金将领吴玠、吴璘、刘琦等。

1131-1231年，平凉地区隶属于金，金代沿用辽制，参用宋制，地方建制分为路、郡、县三级，平凉府属凤翔路，泾州属庆原路，平凉在政治军事上的地位进一步加强。这一时期，平凉不仅是边防重镇，还是陇东传统的商品集散地，"陇上旱码头"在这一时期得以形成。宋金元时期的瓷器遗存十分丰富，馆藏有耀州窑、磁州窑、灵武窑、定窑、钧窑、景德镇窑等多个窑口的产品，造型精美，特色鲜明，同时极具地域特征的安口窑陶瓷烧造也渐趋成熟，这一时期以烧制黑瓷"铁锈花"和青瓷为主，生动地反映出当时的经济文化生活，以及边防贸易的兴盛。馆藏还有大量的宋元时期画像砖，有宋代浮雕奔鹿纹砖、浮雕奔马纹砖、元代成子留母图模印砖等，其中以二十四孝图像为主要装饰题材，是研究宋元时期平凉人民生活面貌的重要参考资料。

从平凉地区宋元佛道文化遗存来看，位于崆峒山中台法轮寺院内的"凌空塔"，始建于北宋天圣初年（1023-1032年），后为明代翻修；2012年，泾川县在发现大云寺佛教窖藏后，在该窖藏坑周围8米范围内，又先后发现了宋代泾州龙兴寺地宫和第二处佛像窖藏；馆藏庄浪紫荆山"老子八十一化"壁画为元代道教壁画，部分画面局部有明代补绘痕迹，也具有很高的艺术价值。

明初，平凉府隶属陕西承宣布政使司，领三州七县。明太祖朱元璋吸取宋、元灭亡的教训，在全国各地选择大都名城分封诸子作为藩篱以维护中央政权。洪武二十四年（1391年），朱元璋封其第二十二子朱楹驻藩平凉，死后谥号安惠王，因其无子，国除，陵墓在今天崆峒区安国镇泾河北的油坊庄；永乐二十二年（1424年），原封于辽东开原的第二十子韩王朱松改封平凉。此后，韩王驻藩平凉共传11世，前后213年。赵时春所撰《平凉府志》手绘了明代平凉府城图，立体地还原了当时平凉城的规划布局。据记载：环城九里，从西门到东门"夹街阴阳，无不朱垣户而筒瓦者"，都是王爷与将军的府第。至嘉靖时，韩王府已占平凉城的四分之一，奠定了平凉城的主体格局。如今平凉市崆峒区政府所在地即韩王府旧址。馆藏"韩王亶塉造"铜鼎为明代平凉第十一代韩王朱亶塉所铸，器形硕大，造型精美，是研究明代平凉韩王历史的珍贵文物资料。

平凉韩王前数代好佛，广建佛寺，后数代崇道，至明末，崆峒山道教达到全盛时期。位于宝塔梁的延恩寺塔，建于嘉靖十四年（1535年）至嘉靖二十五年（1546年），其形制结构充分体现了明代佛塔建筑的艺术风格，是全国重点文物保护单位。道教在韩王的大力提倡下也得到了空前发展，在崆峒山大兴土木，营建宫观，铸造铜像，并将问道宫辟为"道教十方常住"，崆峒山遂成为我国道教圣地，崆峒山古建筑群成为第七批全国重点文物保护单位。馆藏崆峒山道教、佛教造像众多，风格古朴、庄严，充分体现了崆峒山的钟灵毓秀和宗教艺术的源远流长。

清初沿明制。至康熙八年（1669 年），陕甘两省正式分开，平凉改属甘肃布政使司，下设整饬平庆道，初驻平凉，后迁固原。同治八年（1869 年）改为平庆泾固化盐法兵备道，迁回平凉。首任此职的是魏光焘，在平凉任职 10 年，期间治军理政、修路植树、劝课农桑，颇有政绩，对平庆地区的战后恢复做出了重要贡献，留下了《平庆泾固道题名记》《重修柳湖书院碑记》《武威军各营频年种树记》等碑记，其碑文采斐然，其书刚健挺拔，具有很高的历史与艺术价值。清代在各县兴办书院，平凉地区影响较大的为柳湖书院。柳湖始建于北宋神宗熙宁元年（1068 年），时任渭州知州蔡挺引泉成湖，处处植柳，枝高叶茂，翠色参天，故名"柳湖"。明嘉靖年间，韩昭王圈占柳湖为苑囿，并大规模扩建，由明武宗敕赐"崇文书院"。清乾隆年间曾多次修葺，初名"百泉书院"，后名"高山书院"。同治初年，柳湖毁于战火。同治十二年（1873 年），陕甘总督左宗棠再次修葺，更名为"柳湖书院"，并亲题"柳湖"匾额。在书院文化影响下，培养了一批又一批的科举人才，为平凉经济文化繁荣做出了重要贡献。

细数平凉历史文化，灿若星辰，这里的零星记载，不能反映全貌。文以载道，图以寄情，即将刊印的《西出长安第一城——丝绸之路上的平凉》，以平凉市博物馆基本陈列为主线，以展品为经纬，力图呈现平凉在丝路古道上对中原与西域、汉族与西北少数民族的交流、融合所发挥的重要作用。此书的出版，将会给社会各界更加深入地了解平凉悠久的历史文化提供一把锁钥，进而增强平凉人民的民族自豪感和自信心，为弘扬中华优秀传统文化贡献出自己的力量。

平凉市博物馆

王启峰

178 道源崆峒——道文化陈列

179　前言

180　第一单元　道源悠长
192　第二单元　崆峒全盛
213　第三单元　道化苍生

227　结语

228 汉风藏韵——佛像艺术陈列

229　前言

230　第一单元　佛风渐染
250　第二单元　盛世佛光
260　第三单元　梵音妙像
266　第四单元　藏佛撷珍

287　结语

288 后　记

目 录 Contents

001　引 言

002　陇宝泾华——平凉历史文化陈列

003　前言

004　平凉历史大事记

006　第一单元　沧海桑田

012　第二单元　远古家园

043　第三单元　泾渭古韵

081　第四单元　丝路要驿

135　第五单元　陇上名郡

177　结语

平凉位于陕甘宁三省省会城市的几何中心，是古"丝绸之路"北线东端重镇，素有"西出长安第一城""陇上旱码头"之称。大量考古资料证明，平凉地区是中华文明发祥地之一。早在秦汉时期，这里已是中原通往西域的重要门户，其独特的地理位置和人文环境，使平凉成为丝绸古道上中西方文化及中原与西北少数民族文化交融的重要舞台。

平凉市博物馆，这座承载着平凉大地几千年文脉赓续的神奇宝库，这座珍藏着平凉五千年历史文化密码的庄严殿堂，其基本陈列"西出长安第一城——丝绸之路上的平凉"，由"陇宝泾华——平凉历史文化陈列""道源崆峒——道文化陈列"和"汉风藏韵——佛像艺术陈列"三个展览组成，共展出文物约一千件（套）。其中，历史文化陈列系统展示了平凉从华夏文明发祥地、丝绸之路重要驿站到陇上名郡数千年发展的历程；道文化陈列主要展示了崆峒山道教造像及碑刻拓片等实物资料，阐释了崆峒山作为道源圣地，崆峒文化在这里的生发、演变及发展，及其对中华文化形态所产生的深刻影响；佛像艺术陈列则展示了佛教东传西渐过程中在平凉境内开窟建寺、立像造塔所遗留的佛像艺术珍宝。

由平凉市博物馆精心编撰的这本《西出长安第一城——丝绸之路上的平凉》，基于"西出长安第一城——丝绸之路上的平凉"陈列大纲，精选平凉文物精华，旨在展示平凉悠久而深厚的历史文化，讲述馆藏的每一件文物珍品背后的故事，既是对平凉大地数千年历史文化积淀的深情传唱与赞美，也是对这方热土上先民们留下的珍贵遗存发自内心的尊崇与膜拜。本书力求将馆藏中的每一件稀世之宝，都逐一呈现给每一位读者，春风甘霖，滋润那些古老岁月留下的印迹，皓月当空，照亮历史过往的荣光与辉煌。

借助这本集子的付梓刊行，我们诚恳地希望有更多热爱平凉、关注平凉的有识之士和爱心人士，能够藉此来探寻平凉历史的深厚绵长，感受平凉文化的丰盈厚重，加入到宣传平凉、推介平凉的队伍中来。我们也将以此为契机，从中汲取滋养，讲好平凉故事，让每一件文物都活起来，为平凉经济社会的发展贡献自己的力量。

陇宝泾华

——平凉历史文化陈列

Pingliang Historical and Cultural Display

Foreword

平凉，位于甘肃东部的黄土高原腹地，枕陇山跨泾渭，东拱长安，西通陇中，南依千陇，北扼萧关，大量的考古资料和历史文献证明，自古以来平凉就是中华文明的发祥地之一。秦汉以降，这里是西北方向的重要门户，也是丝绸之路东段的交通枢纽，被称为"西出长安第一城"。特殊的地理位置和人文结构，使得平凉在传承民族文化、吸收外来文化并加以融合的历史进程中发挥了重要作用。千百年沧桑岁月的积淀和一代代故土斯民的创造与积累，熔铸了平凉悠远、深厚的历史文化。

Pingliang, located in the hinterland of the Loess Plateau in the east of Gansu Province, stretches across Mount Longshan, Jinghe River and Weihe River, extending eastward to Chang'an, southward to Qianlong, westward to Longzhong and northward to Xiaoguan Pass. It has been one of the birthplaces of Chinese civilization since ancient times, which can be proved from numerous archaeological materials and historical documents. Since the Qin and Han Dynasties, it has been an important gateway to the northwest and a hub in the eastern section of the Silk Road. It was called "the first city to the west of Chang'an". Because of its special geographical location and humanistic structure, Pingliang played an important role in the inheritance of national culture and integration of foreign culture. The creation and accumulation of native people have fostered Pingliang's profound history and culture.

唐

公元618年，李世民平定薛仁杲。

公元765年，郭子仪联合回纥兵，大破吐蕃于灵台西原。

公元783年，唐与吐蕃在清水结盟，划定唐地守界泾州右尽弹筝峡西口（今平凉西）。

公元787年，唐与吐蕃会盟于平凉，吐蕃伏兵劫盟。

宋、金

公元1162年，吴璘遣统制吴挺进军德顺，败金人于治平砦，复水洛城。

元

公元1360年，元将李思齐部下袁亨修扩、改建平凉城为南北二城。

公元1373年，总兵官平凉侯费聚筑改平凉城为东西二城。

明

公元1391年，朱元璋封其第二十二子朱楹为安王，在平凉建安王府，永乐六年（公元1408年）就藩，永乐十五年（公元1417年）死，无子，国除。

公元1424年，朱元璋第二十子韩王朱松由辽东开原改封平凉。

公元1430年，朱松之子韩恭王就藩平凉。

公元1560年，赵时春编纂成《平凉府志》。

公元1585年，平凉知府罗潮主持，李应奇撰成第一部《崆峒山志》。

清

公元1674年，驻平凉的陕西提督王辅臣发动兵变，响应吴三桂反清。

公元1764年，平凉知县汪沄建柳湖书院。

公元1842年，林则徐被谪发配新疆，途经平凉。

公元1869年，左宗棠驻平凉，接陕甘总督印。

夏　帝孔甲时，不窋奔于戎狄之间（今庆阳、平凉一带）。

商　公元前 1062 年，西伯姬昌伐密须国（今灵台县境）。

西周　公元前 965 年，『戎狄不贡，王乃西征犬戎，获其五王，又得四白狼、四白鹿，王遂迁戎于太原』（今平凉、固原和庆阳一带）。

春秋　公元前 623 年，秦穆公用由余谋伐戎王，『益国十二，开地千里，遂霸西戎』，乌氏等部族臣服。

战国　公元前 272 年，秦灭义渠，后在其地置北地郡。秦昭襄王筑长城经静宁西北，境内长 62 公里。

秦　公元前 220 年，秦始皇筑驰道，巡陇西、北地，登鸡头山，过回中。

西汉　公元前 112 年，汉武帝西巡至雍，越陇山，西登崆峒，司马迁从之。

东汉　公元 161 年，安定朝那人皇甫规为中郎将，出使匈奴，持节监关西兵，率军击败零吾，招降先零羌等十余万人。

三国　公元 228 年，诸葛亮伐魏出兵祁山，安定响应。街亭（今庄浪东南）之战蜀军失利，曹真复取安定。

西晋　公元 282 年，安定朝那人皇甫谧去世。

十六国　公元 376 年，符坚灭前凉，置平凉郡。

南北朝　公元 510 年，泾州刺史奚康生凿造南北石窟寺。

隋　公元 582 年，突厥兵自木峡、石门关侵入，掠安定等郡牲畜。

Vicissitudes of Time

　　平凉境内出土了丰富的古生物化石，勾勒出远古时期这里的地形地貌、气候变化和生态环境的基本面貌。这些古生物化石是平凉大地沧桑巨变的见证，对我们了解世代生活的这片土地的过去、现在和未来具有重要意义。

The rich paleontological fossils unearthed in Pingliang unveil the basic features of the landforms, climate change and ecological environment in the ancient time. These fossils that have witnessed the vicissitudes Pingliang are of great significance for us to explore the past, present and future of the land.

　　古菱齿象是一种大型哺乳动物，生活在距今约 600 万～1 万年的上新世到全新世，属于长鼻目，真象科。体长达 7～8 米，体重 10 吨以上，比现代亚洲象高大，头骨高高隆起，长牙发达。

　　古菱齿象化石是研究象类演化历史的重要资料，也是推断化石发现地古气候和古环境的重要依据。在平凉首次发现的古菱齿象新种，被冠以"平凉"之名。平凉古菱齿象化石的发现说明当时这里气候温暖湿润，有着丰茂的森林植被，适宜象类动物生存。

蕨类植物化石

中生代 · 侏罗纪（距今约 2.08 亿～ 1.35 亿年）

长 63、宽 27 厘米

甘肃省泾川县征集

平凉市博物馆藏

灰褐色火山岩，石板状，表面大面积排列蕨类植物枝叶。

狼鳍鱼化石

中生代 · 侏罗纪（距今约 2.08 亿～ 1.35 亿年）
长 13、宽 9.1、厚 2.4 厘米
甘肃省灵台县征集
平凉市博物馆藏

青灰色砂质岩，呈不规则长方形，表面印一狼鳍
鱼，其脊骨、刺骨及鱼尾清晰可见。

剑齿象门齿化石

新生代·更新世（距今约 260 万 ~1.2 万年）

长 150 厘米

甘肃省平凉市崆峒区泾河北出土

平凉市博物馆藏

乳白色，为剑齿象门齿。

乳齿象上牙床化石

新生代·更新世（距今约 260 万 ~1.2 万年）
长 22.5 厘米
甘肃省泾川县征集
平凉市博物馆藏

牙床青黑色，白齿呈青色半透明状。

五稜齿象白齿化石

新生代·上新世（距今约 530 万 ~260 万年）
长 9.7 厘米
张军捐赠
平凉市博物馆藏

青黑色，平视四颗白齿界限分明，嚼磨面磨损严重，为老年象。侧视连在一起，没有白齿间隙，上有数道自然分化裂纹，局部呈半透明玉质感。

第二单元 远古家园

Ancient Home

　　距今170万～1.2万年，地球终于迎来了人类的出现。平凉境内陇山附近发现的古人类活动遗迹和遗物充分说明，从旧石器时代开始，就有人类在这片古老的土地上生产、生活着。而分布广泛、数量众多、文化类型多样的新石器时代遗址，也充分证明早在5000多年前，平凉就是史前文明的交汇地带。

In the Quaternary Period (around 1.7 million to 12000 years ago), human beings emerged on the earth. Traces of ancient human activities discovered near Mount Longshan, Pingliang afford full evidence that humans have settled there since the Paleolithic Age. In addition, sites from the Neolithic Age are culturally diverse and distributed widely and in large quantities, which also proves that Pingliang was the intersection of prehistoric civilizations as early as more than 5000 years ago.

第一组　文明肇始

　　1976 年前后，平凉境内发现了多处旧石器时代遗址，主要分布在泾川县，其中最为著名的是"泾川人"头盖骨化石。这些发现，反映了旧石器时代平凉境内古人类的生活状况，具有非常重要的意义。

大岭上遗址

　　由文物工作者于 1976 年夏在泾川县太平乡梅家洼村岭背后大岭上首次发现。经调查清理，共获得石制品 41 件，总体上类型单调，制作粗糙，基本无规律可寻，原始性特征较为明显。大岭上遗址是甘肃目前已知的唯一一处旧石器时代早期遗址，石器出土于第五层古土壤条带。文物工作者认为约与蓝田人同时期，距今约 60 万年。

砍砸器

距今约 60 万年
长 12.5、宽 10.1 厘米
1976 年甘肃省泾川县太平公社大岭上遗址出土
平凉市博物馆藏

浅褐色石英石，平面略呈圆形。

尖状器

距今约 60 万年
长 10.5、宽 7 厘米
1976 年甘肃省泾川县太平公社大岭上遗址出土
平凉市博物馆藏

黑灰色燧石，平面呈扇形。

刮削器

距今约 60 万年
长 13、宽 5.7 厘米
1976 年甘肃省泾川县太平公社大岭上遗址出土
平凉市博物馆藏

黑灰色燧石，三棱形。

牛角沟遗址

　　位于泾川县泾明乡白家村东庄东沟前段牛角沟，遗址范围南北长100米，东西宽70米。1974年夏，在高约40米的坡面台地内，发现了人类头盖骨化石和几十件石器及中华鼢鼠、披毛犀、鹿、马、牛等动物化石。后经中国科学院古脊椎动物与古人类研究所鉴定，人类头骨化石为一"20岁左右的青年个体"，人种"特征与蒙古人种相符"，距今约5～3万年，属旧石器时代晚期智人，被命名为"泾川的晚期智人化石"。牛角沟遗址是甘肃境内第一个发现古人类化石的遗址。

"泾川人"头盖骨化石

距今约5～3万年
长13.5、宽16.5、高15厘米
1974年甘肃省泾川县泾明公社白家村牛角沟遗址出土
泾川县博物馆藏

　　属更新世晚期"智人"头盖骨化石，头骨上有枕外隆突存在。骨壁较薄，外板、板障和内板层清晰可见，靠近顶结部位骨壁厚4.58毫米，外板层1.72毫米，板障层1.29毫米，位于现代人的变异范围内。另外，据估算颅容量约为1504毫升。上述特征表明，"泾川人"脑部形态特征已经与现代人十分接近了。

砍砸器

距今约 5 万～ 3 万年
最大长 7.2、最大宽 4 厘米
1974 年甘肃省泾川县泾明公社白家村牛角沟遗址出土
平凉市博物馆藏

青白色石英石，呈三角状，有打击痕迹。

尖状器

距今约 5 万～ 3 万年
长 5、宽 3.4、厚 1.8 厘米
1974 年甘肃省泾川县泾明公社白家村牛角沟遗址出土
平凉市博物馆藏

青灰色砂岩，呈尖刃形。

第二组　文化纷呈

　　青铜时代之前，平凉境内还有众多的新石器时代遗址，仰韶文化遍布陇山东西及泾渭流域，马家窑文化主要分布于渭河流域，极具地方特色的常山下层文化也多有发现。进入青铜时代以后，平凉境内出现了齐家文化和寺洼文化。

石斧

新石器时代（距今约 12000 ～ 4100 年）
长 31.8、宽 10 厘米
甘肃省庄浪县征集
平凉市博物馆藏

青石质，器身呈蛇形，双面弧形刃，体较薄。

石铲形片状器

新石器时代（距今约 12000 ～ 4100 年）
长 13、宽 12 厘米
甘肃省灵台县征集
平凉市博物馆藏

残缺较为严重，仅存一半，平面呈半椭圆形，
双面弧刃。

石凿

新石器时代（距今约 12000 ～ 4100 年）
长 24.8、刃宽 6 厘米
王志清捐赠
平凉市博物馆藏

青灰色，器身呈长条形，顶窄刃宽。双面
弧刃，斧一侧有切割痕。

单孔石刀

新石器时代（距今约 12000 ～ 4100 年）
长 8.7、刃宽 4.5 厘米
甘肃省庄浪县征集
平凉市博物馆藏

长方形，刃部打磨，较钝，中部有一圆形穿。

石锤

新石器时代（距今约 12000 ～ 4100 年）
长 13.2、宽 7.8 厘米
1970 年甘肃省平凉县（现崆峒区）崆峒公社白庙
大队罗湾出土
平凉市博物馆藏

矮锥形，器身中部有一圆形銎，素面。

玉锛

新石器时代（距今约 12000 ～ 4100 年）
长 5.6、刃宽 2.9 厘米
甘肃省庄浪县征集
平凉市博物馆藏

长条形，单面斜刃，通体磨光。

仰韶文化

仰韶文化因首次发现于河南渑池仰韶村遗址而得名，距今约 7000～5000 年。仰韶文化在平凉以中晚期遗存为主，当时的先民通常定居在河谷地带，以原始农业为生；房屋以方形或圆形的半地穴式为主；他们熟练地掌握了制陶技术，制作了大量绚丽夺目的彩陶，取得了辉煌的艺术成就。

红陶折腹钵

仰韶文化早期（距今约 7000～6000 年）
高 7.2、口径 7、底径 4.5 厘米
刘佰长捐赠
平凉市博物馆藏

细泥红陶，敛口，上腹圆鼓，下腹急折收，小平底。器表打磨光亮。

禾纹彩陶曲腹盆

仰韶文化中期（距今约 6000～5500 年）
高 20.7、口径 30、底径 12 厘米
1987 年甘肃省静宁县城关镇店子村征集
静宁县博物馆藏

细泥红陶，上腹垂鼓，下腹曲收，小平底。上腹部绘连续禾叶纹，主题纹饰寓意深刻，可能与原始祈农活动有关。

漩涡纹彩陶壶

仰韶文化晚期（距今约 5500～5000 年）
高 21.4、口径 11、底径 22 厘米
1990 年甘肃省静宁县李店乡李店村店子小学墓葬出土
静宁县博物馆藏

泥质桔红陶，喇叭口，沿外撇，短束颈，圆肩鼓腹，腹
壁下收成平底。施黑彩，肩绘旋涡、弧线三角、圆点、
"米"字纹、弦纹。

变体鲵鱼纹彩陶壶

仰韶文化晚期（距今约 5500 ～ 5000 年）
高 40.6、口径 11、底径 15.6 厘米
1983 年甘肃省静宁县威戎乡北关村征集
静宁县博物馆藏

泥质桔红陶，口沿残缺，短束颈，圆溜肩，深腹微
鼓，平底，施褐彩。肩上部有一周旋涡、弧线三角
纹，肩下部及腹上部施网纹弧线三角圆圈。

附加堆纹陶缸

仰韶文化晚期（距今约 5500～5000 年）
高 56.3、口径 52.8、底径 26.5 厘米
1979 年甘肃省静宁县贾河公社征集
静宁县博物馆藏

泥质桔红陶，内杂羼和料。敛口，宽平沿，内唇尖，外唇圆，深腹，上腹鼓，下腹斜收，小平底。口沿及上腹抹光，下腹饰斜绳纹。腹中部饰一周附加宽泥条，以此相隔，上下堆贴搭配有序的弯月形和圆饼形日月纹。

红陶细颈壶

仰韶文化（距今约 7000 ～ 5000 年）
高 17.5、口径 1.5、底径 5 厘米
甘肃省庄浪县水洛镇徐家碾村堡子坪征集
平凉市博物馆藏

细泥红陶。莲蓬口，细颈，斜肩，曲腹，小平底。器表磨光。

平行线对三角纹彩陶钵

仰韶文化（距今约 7000 ～ 5000 年）
高 8、口径 18.5 厘米
甘肃省庄浪县水洛镇徐家碾村堡子坪征集
平凉市博物馆藏

直口，圆唇，浅腹，圜底，腹部黑彩绘三角形与平行线组成的几何纹。

彩陶葫芦瓶

仰韶文化（距今约 7000 ～ 5000 年）

高 36、口径 4.8、底径 12.8 厘米

甘肃省庄浪县水洛镇徐家碾村堡子坪征集

平凉市博物馆藏

泥质红陶，器呈葫芦形，小敛口，平底，器表磨光。

彩绘陶尖底瓶

石岭下类型（距今约 5800 ～ 5000 年）
高 53、口径 11 厘米
甘肃省庄浪县阳川镇征集
平凉市博物馆藏

泥质红陶，喇叭口，平折沿，细颈，折肩，斜深
腹，尖底。颈部饰一周剔刺纹，肩部饰细交叉绳
纹，施"习"字形白彩，腹、底部饰细竖绳纹，
腹部大面积磨光。

马家窑文化

　　马家窑文化是黄河上游新石器时代晚期文化，因最早发现于甘肃临洮马家窑遗址而得名，距今约5000～4000年，分马家窑、半山、马厂三个类型。马家窑文化制陶业非常发达，有集中的制陶窑址，形成了清新典雅的艺术风格，是彩陶文化发展的鼎盛时期。马家窑文化在静宁、庄浪较为多见，遗址一般位于河流两岸的台地之上，半地穴式方形房屋较为普遍。

锯齿平行线纹彩陶双耳壶

马家窑文化·半山类型（距今约 4650～4350 年）
高 20.8、口径 7.3、底径 7.7 厘米
甘肃省平凉市崆峒区善家沟采集
平凉市博物馆藏

泥质红陶。口微侈，卷沿，直颈，丰肩，鼓腹下收，腹部作对称双耳，平底。口沿下至腹中部施黑彩，作留白倒三角形锯齿纹和斜直线纹。

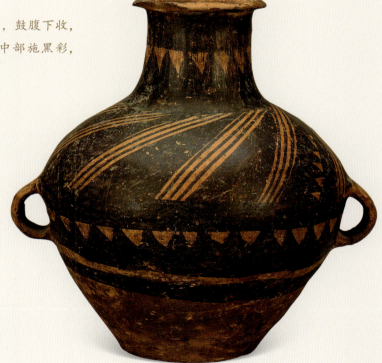

漩涡纹彩陶壶

马家窑文化（距今约 5000 ～ 4000 年）
残高 11.8、底径 5.8 厘米
甘肃省庄浪县阳川镇曹家坪村征集
平凉市博物馆藏

泥质红陶，口部残缺，斜肩，下腹斜收，
平底，颈部及腹中部分别黑彩饰绘两周弦
纹，肩部绘变体鸟纹和网格纹。

带柄红陶漏

马家窑文化（距今约 5000 ～ 4000 年）
口径 17.5、孔径 1.1 厘米
1961 年甘肃省平凉市（现崆峒区）征集
平凉市博物馆藏

泥质红陶。敛口，圆唇，弧腹，腹壁一侧上部有
一扁圆形直柄，柄微上翘，腹下部渐内收，大平
底，底部有 30 个圆箅孔。

四大圈网纹彩陶双耳罐

马家窑文化·马厂类型（距今约 4350 ～ 4000 年）

高 38、口径 11 厘米

甘肃省平凉市征集

平凉市博物馆藏

泥质红陶。侈口，短颈，溜肩，鼓腹下斜收，腹部作对称双耳，平底。器身上半部施红褐色陶衣，黑彩绘三角锯齿纹、圆圈纹、网格纹、折线三角纹等。底部饰麻点窝纹。

常山下层文化

　　常山下层文化因首先发现于甘肃镇原常山遗址而得名，距今约 5000 年，在陇东地区分布广泛。常山下层文化是仰韶文化向齐家文化的过渡类型，出现了形制特殊的窑洞式建筑。

红陶双耳罐

常山下层文化（距今约 5000 年）
高 27.3、口径 12、底径 10.5 厘米
甘肃省庄浪县水洛镇出土
平凉市博物馆藏

泥质红陶。侈口，束颈，深鼓腹，腹中部作
不对称双耳，平底微凹。腹部及耳饰竖绳纹。

篮纹红陶盆

常山下层文化（距今约 5000 年）
高 7.3、口径 15.5、底径 10.5 厘米
甘肃省静宁县李店镇王家沟村出土
平凉市博物馆藏

泥质红陶，侈口，斜腹，平底。腹部饰斜篮纹。

红陶带流盆

常山下层文化（距今约 5000 年）
高 7.6、口径 14.7、底径 7.2 厘米
甘肃省静宁县李店镇出土
平凉市博物馆藏

泥质红陶。敞口，口沿一侧有鸭嘴状流，
弧腹，平底。腹部饰斜篮纹。

齐家文化

　　齐家文化因最早发现于甘肃广河齐家坪遗址而得名，距今约 4100～3700 年。齐家文化在平凉分布普遍，陇山东侧的文化面貌与陕西龙山文化相近，姚李遗址、桥村遗址的村落都具有相当规模。齐家文化的经济生活以农业为主，青铜冶炼技术开始推广，进入铜石并用阶段。齐家文化制陶技术进步明显，陶器以细泥和夹砂红陶居多，代表器形有双大耳罐、高领折肩罐和镂空豆等；玉器制作技术高超，玉礼器的大量出现，表明其正处于文明社会的前夜。

镂空红陶豆

齐家文化（距今约 4100～3700 年）
高 12、口径 13.7、底径 11 厘米
甘肃省庄浪县南坪镇征集
平凉市博物馆藏

泥质红陶，敞口，斜腹，束腰，喇叭形高
圈足饰六个镂空三角纹，腰部中空，内有
石子类物，摇之可响。

红陶鸮首盉

齐家文化（距今约 4100 ～ 3700 年）
高 18.3、口径 9、底径 6 厘米
1965 年甘肃省平凉县（现崆峒区）安国公社崔家庙大队捐赠
平凉市博物馆藏

夹砂红陶，体型如罐，侈口，圆唇，沿上半封顶，三孔流，
束颈，宽带单耳，溜肩，鼓腹下收，平底。封顶边缘有麦粒
状锥刺纹，肩腹篮纹抹平，为研究齐家文化的重要资料。

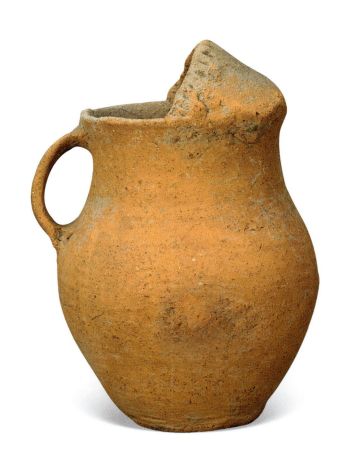

红陶双耳罐

齐家文化（距今约 4100 ～ 3700 年）
高 16.3、口径 12.7、底径 7.2 厘米
甘肃省灵台县征集
平凉市博物馆藏

细泥红陶。侈口，高束颈，溜肩，斜鼓腹，小平
底，颈肩处作对称双耳，肩口部饰一周剔刺纹，
下腹部及底部饰篮纹。

灰陶兽形盉

齐家文化（距今约 4100～3700 年）
通高 22、底径 8.4 厘米
甘肃省泾川县玉都镇尹家洼村采集
平凉市博物馆藏

泥质灰陶，顶部作昂扬鸟首状，开椭圆形口，出管状短直流，长颈，圆鼓腹，饼形足，口沿至肩部作宽板执，刻长竖条纹，流根处饰三枚乳钉，口下剔刺纹一周。

灰陶双耳罐

齐家文化（距今约 4100～3700 年）
高 10.6、口径 17.5、底径 8 厘米
甘肃省静宁县李店镇出土
平凉市博物馆藏

细泥灰陶。敞口，短束颈，折腹，平底。颈腹间作对称双耳，腹上部饰剔刺纹及篦划纹。

玉四璜联璧

齐家文化（距今约 4100 ~ 3700 年）
直径 14.5、好径 6.2 厘米
1974 年甘肃省庄浪县良邑公社良邑大队苏苗塬头遗址出土
庄浪县博物馆藏

青玉质，线切割平均分成四个部分，单独可做璜，璜呈扇面
形，两端单面钻一孔或二孔，便于组合成玉璧时拴系。

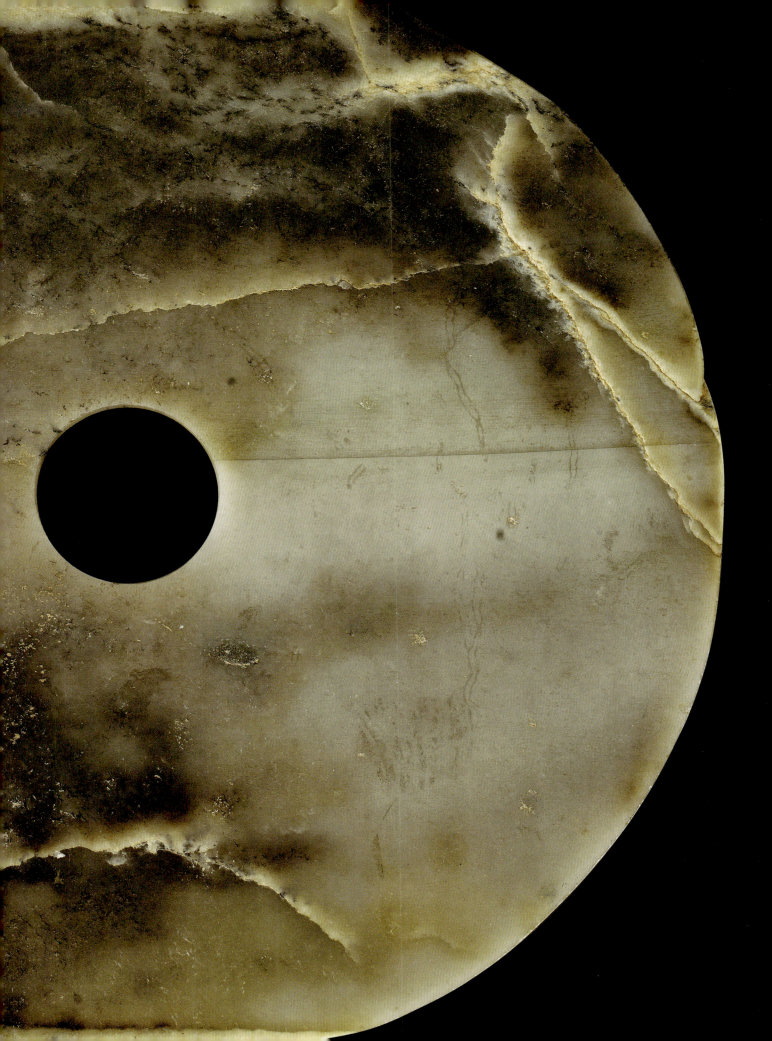

玉璧

齐家文化（距今约 4100～3700 年）
直径 32.1、好径 5 厘米
1984 年甘肃省静宁县治平乡后柳沟村征集
静宁县博物馆藏

玉料青灰，杂黑褐石瑕，表面留有切割痕迹，素
面，平面呈不规则圆形，中部有好，系单面钻
成，两面好径不一。

玉琮

齐家文化（距今约 4100 ～ 3700 年）
高 14.7、射径 6.5 厘米
1984 年甘肃省静宁县治平乡后柳沟村征集
静宁县博物馆藏

青玉质，素面，呈方柱形，外方内圆，两端有射
较高。

寺洼文化

　　寺洼文化因首次发现于甘肃临洮寺洼遗址而得名，距今约 3400～2700 年，属青铜时代文化。平凉境内的寺洼文化在崆峒区安国镇和庄浪县分布较为集中，以双马鞍形口的安国式陶器最具特色。

红陶马鞍口双耳罐

寺洼文化（距今约 3400～2700 年）
高 31.5、口径 17×16、底径 11.5 厘米
白建林捐赠
平凉市博物馆藏

夹砂红陶，陶质粗糙。双马鞍形口，束颈，宽带
双耳，溜肩，鼓腹斜收，平底。器表有烟炱。为
寺洼文化安国类型陶器中的精品。

附加堆纹双鋬鬲

寺洼文化（距今约 3400～2700 年）
高 26、口径 17 厘米
1980 年甘肃省庄浪县水洛公社徐家碾大队狮子洼墓葬出土
庄浪县博物馆藏

夹砂红陶，直口，短直颈，三袋足较鼓，有铲状实足跟，分档。肩部贴附双鋬及锯齿状附加堆纹，档部为鸡冠状鋬耳。

红陶双耳鬲形罐

寺洼文化（距今约 3400～2700 年）
高 18.5、口径 17.5 厘米
1976 年甘肃省庄浪县盘安公社湾李大队出土
庄浪县博物馆藏

夹砂红陶，侈口，短束颈，圆鼓腹，口沿至肩部有桥状单耳，圜底，有三个铲状实足。

Civilization of Jing and Wei River

　　大量的历史文献和考古资料证明，平凉是华夏文明孕育和发展的重要地区，历史悠久、人文荟萃。3000 多年前，生活在泾河流域的周先祖创造了先进的农耕文化，在平凉境内留下了丰富的文化遗存。

　　As shown in large number of historical documents and archaeological materials, Pingliang is an important area where Chinese civilization was generated and developed. More than 3000 years ago, Zhou ancestors living in Jinghe River Basin created advanced farming culture and left abundant cultural remains in Pingliang.

第一组
周风化育

　　夏末，周先祖不窋活动于泾河流域。不窋的后世子孙在这片土地上经营开拓，从公刘耕耘芮鞠、教民稼穑至文王伐密、筑台祭天，可以说这里曾经是周王朝事业的酝酿隆兴之地，也是我国农耕文明的重要发祥地之一。灵台、泾川、崇信、崆峒等地发现的许多先周文化器物也提供了可靠的实物证据。

　　商末，周族兴起于渭水流域，那时平凉南部有商的方国密须国在今灵台县境，有周之属国共国、阮国在今泾川县境。密须国为姞姓，是这一带较大的国家。周初，平凉一带与戎族接壤。灵台县境发现有陨伯、潶伯墓葬和车马坑，规模宏大，戈、钺、剑、戟、箭镞等大量青铜兵器的出土，可知这里曾驻有重兵。

灵台祭天

　　密须国为黄帝后裔姞姓密须氏所建。商王武丁时期，密须氏被赐封为诸侯国，都邑密城（今灵台县百里镇）。公元前1057年，密须国为西伯姬昌（周文王）所灭。

　　姬昌伐密须国胜利后，驱使密须国的大批奴隶在荆山之麓（今灵台县城）赶造了一座祭坛，称"灵台"，并举行了十分隆重的祭天仪式，以告天慰民，广播德化，誓师东进，史称"灵台祭天"。

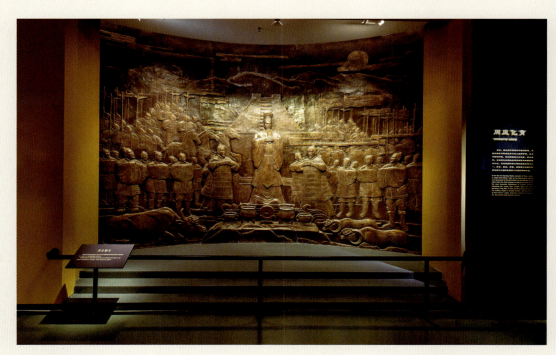

灵台祭天浮雕

青铜 "舌齿父乙" 爵

商（约公元前 1601 ～ 前 1046 年）
高 21.5、流至尾长 17 厘米
1973 年甘肃省平凉县（现崆峒区）四十里铺公
社庙庄大队 M2 出土
平凉市博物馆藏

长流，短尾，深腹，圜底。菌状柱，兽首形鋬，
锥形三棱足，三足外撇，柱顶饰凸弦纹和云雷
纹，腹部饰云雷纹衬地的简化饕餮纹，鋬内阴刻
"舌齿父乙" 铭文。

青铜"鱼父辛"爵

商（约公元前 1601～前 1046 年）
高 19.3、流至尾长 17.4 厘米
1973 年甘肃省平凉县（现崆峒区）四十里铺公
社庙庄大队出土
平凉市博物馆藏

菌状柱靠流，长流，短尾，深腹，圜底，三棱锥
状足外撇，柱钮饰勾连云纹，腹部饰雷纹衬地的
饕餮纹，兽面鋬，鋬内铸"鱼父辛"铭文。

青铜"父甲"觚

商（约公元前 1601～前 1046 年）

高 22.2 厘米

1981 年甘肃省崇信县锦屏公社于家湾大队征集

崇信县博物馆藏

喇叭口，尖唇，细颈，鼓腹，高圈足。鼓腹之上浮雕两组以云雷纹衬地的牛首兽面纹，其上下各饰两道凸弦纹。圈足内壁阴刻"册□册父甲"五字铭文。器表被黑色氧化层包裹，且遍布红斑绿锈，极具欣赏价值。

"亞"徽饕餮纹青铜鬲

商（约公元前 1601～前 1046 年）
高 15、口径 12.5 厘米
甘肃省泾川县泾明乡算李村出土
平凉市博物馆藏

侈口，尖唇，环形双立耳，束颈，三袋足分裆，
颈下饰一周三组饕餮纹，腹内壁有铭文。

青玉钺

先周文化（约公元前 21 世纪～前 11 世纪）
长 13.2、宽 9.8 厘米
甘肃省灵台县西屯镇北庄村桥村遗址采集
灵台县博物馆藏

青玉质，体呈长方形，扁薄，两侧缘磨圆，下端
双面刃，两角圆，略呈弧形，两侧缘中部略收，
柄部有二孔，下孔略小，单面钻，上孔略大，单
面钻，磨残，表明二次修整。此钺形制规整，磨
制光洁，刃端有使用磕痕。

青玉斧

先周文化（约公元前 21 世纪～前 11 世纪）
长 17、宽 6 厘米
甘肃省灵台县西屯镇北庄村桥村遗址采集
灵台县博物馆藏

青玉质，体呈窄长梯形，扁薄，两侧缘磨圆。下端刃面略宽，有斜势，上端柄部略窄，有一单面钻孔。

玉戚

先周文化（约公元前 21 世纪～前 11 世纪）
长 14.1、宽 7.6 厘米
1980 年甘肃省灵台县什字公社庙头大队征集
灵台县博物馆藏

褐色玉质，体呈梯形，较薄。方柄，正中对钻一圆孔，体中两侧缘有对称齿。双面刃，两角圆有斜势。该玉戚细腻温润、制作精美，是研究先周文化的重要资料。

绳纹灰陶罐

西周（约公元前 1046 ～前 771 年）
高 16.7、口径 12.2、底径 9 厘米
1973 年甘肃省泾川县泾明公社吊堡子大
队王家咀出土
平凉市博物馆藏

泥质灰陶。敞口，束颈，折肩，斜腹，平
底，腹部底部拍印交叉绳纹。

红陶双鋬鬲

西周（约公元前 1046 ～前 771 年）
高 11.2、口径 10.5 厘米
1973 年甘肃省平凉县（现崆峒区）四十里铺公社庙
庄大队 M5 出土
平凉市博物馆藏

红褐陶。微侈口，方唇，直领，短颈，双鋬耳，乳
状袋足，分裆。领部饰剔刺纹，颈部作一扉棱，上
饰指甲纹，颈以下遍饰细绳纹，足跟处有抹划纹两
周，裆部有麻点窝纹。器表有烟炱。

夔纹青铜鼎

西周（约公元前 1046 ～前 771 年）
高 19.2、口径 17.5 厘米
1981 年甘肃省灵台县中台公社红崖沟大队征集
灵台县博物馆藏

折沿方唇，沿上竖对称立耳，垂腹，半柱足较
短，底略呈三角形。沿下饰两圈凸弦纹，间饰三
组首夔纹，接饰一圈较粗凸弦纹。底、足有较厚
烟炱。此鼎是研究西周历史的重要出土文物。

青铜"父京兴"鼎

西周（约公元前 1046～前 771 年）
高 22.8、口径 18.5 厘米
1973 年甘肃省平凉县（现崆峒区）四十里铺公
社庙庄大队出土
平凉市博物馆藏

窄平沿上作两对称环形立耳，深腹，圜底，三柱
足。腹上部饰两周细凸弦纹，其间均匀分布三组
简化饕餮纹，底部有三角形范痕，腹内壁有籀书
"父京兴"铭文。

回纹青铜觯

西周（约公元前 1046～前 771 年）
高 14、口径 7.5、底径 6.7 厘米
1973 年甘肃省平凉县（现崆峒区）四十里铺公社
庙庄大队出土
平凉市博物馆藏

椭圆形侈口，束颈，扁垂腹，高圈足外撇，圜底。
腹上部、足部各饰一周双层回纹带，足内壁有铭
文。

饕餮纹青铜甗

西周（约公元前 1046 ～前 771 年）
高 37.1、口径 23 厘米
甘肃省泾川县城关镇纸坊湾窖藏出土
平凉市博物馆藏

甑侈口，斜尖唇，口沿上作两对称索状立耳，斜
腹，底部作箅，上有五组十字形箅孔，并有半环
钮可以启闭。鬲短束颈，分裆，三柱足。甑口沿
下饰夔龙纹作地的三组简化饕餮纹，鬲足上部饰
三组高浮雕兽面纹，范痕明显。

夔纹青铜簋

西周（约公元前 1046 ～前 771 年）
高 13.5、口径 20、底径 17.5 厘米
甘肃省平凉市崆峒区征集
平凉市博物馆藏

侈口，斜沿，方唇，颈微束，腹下垂，两侧置双
耳，有方形垂珥，圈足较高。颈下饰以高浮雕牺
首间开相对的两组四条卷尾夔纹，并以云雷纹衬
地。耳上部兽首伏贴，下部饰云纹，底部菱格状
范痕明显。

青铜刀

西周（约公元前 1046 ～前 771 年）
长 35.5、宽 9.3 厘米
1981 年甘肃省灵台县征集
灵台县博物馆藏

体呈长方形，背部通体长阑，阑作"T"字形，勾锋，刃根曲卷，刀身等距离排列四圆孔，锋后靠阑处有长方形穿。该刀形制特点与北方草原文化中的七孔钺相似，是研究西周时期文化交融的重要实物资料。

青铜戈

西周（约公元前 1046 ～前 771 年）
援长 17、内长 5.4、胡长 6.4 厘米
甘肃省平凉市征集
平凉市博物馆藏

长援，援端内收，锋窄锐，短胡，阑侧一穿，长方形内。鎏金。

兽面纹青铜车軎

西周（约公元前 1046 ～前 771 年）
高 18、口径 5.7 厘米
甘肃省灵台县征集
平凉市博物馆藏

圆筒状，内端略粗，外端封闭隆起，近口部有两个长方形对穿辖孔。表面饰饕餮纹及蕉叶纹，顶部饰两周凸弦纹。

青铜銮铃

西周（约公元前 1046 ～前 771 年）
高 15.5、銮径 3.5 厘米
甘肃省灵台县征集
平凉市博物馆藏

管状形銮座，宽扁形铃体，内含铜丸。銮座正、背两面有对应圆孔，铃部两面正中各有一圆孔及三角形辐射状镂空。

乳钉纹青铜铃

西周（约公元前 1046～前 771 年）
高 3.4、口长 2.8 厘米
甘肃省平凉市征集
平凉市博物馆藏

器壁特薄，形体矮小。截面为椭圆形，顶部有半环形钮，钮下有一小穿孔与腹部贯通，孔上衔接一铃舌，摇之即响。铃身正面、背面饰方格纹分割的乳钉纹。

青玉璧

西周（约公元前 1046～前 771 年）
直径 16.8、好径 6.7 厘米
1977 年甘肃省灵台县西屯公社征集
灵台县博物馆藏

璧青玉质，圆形，厚而平整。双面对钻好孔。表面保留制器前的设计刻痕。玉质润泽，质地精良，形制规整。

灵台县白草坡西周墓群

  20 世纪 60 年代后期到 70 年代中期，甘肃省考古工作者在灵台白草坡先后发掘西周墓葬 9 座、车马坑 1 座，出土鼎、甗、簋、盉、卣、尊、爵、角、钺、戈、镞、铃等各式青铜器，以及陶、玉、石、蚌、贝、骨器等共计 1000 余件。其中 M1 和 M2 的墓主人是潶伯、𤞤伯两个贵族，墓葬中出土了种类繁多、纹饰华丽、铸造精美的青铜礼器以及大量兵器、玉器等；车马坑出土 1 辆单辕双轮车。白草坡西周墓出土器物的形制、规格及组合关系与周代礼制相对应，为研究西周早中期贵族社会的等级制度、宗法制度、军事制度提供了珍贵的实物资料。

青铜"潶伯作"夔纹方鼎

青铜"潶伯作"尊

青铜兽面纹鼎

青铜"潶伯作"盉

青铜"潶伯作"提梁卣

人头形銎青铜戟

西周（约公元前 1046 ～前 771 年）
高 25.5、宽 23 厘米
1972 年甘肃省灵台县西屯公社白草坡 2 号墓出土
甘肃省博物馆藏

此戟为戈、刀组合成的复合兵器，有的学者称之为
"钩戟"。上端为刀，刀之顶端后弯呈钩状，刀背近内
处有一穿。戈部长胡二穿，援斜向上伸出，锋尖内钩。
长方形内，末端出三齿。刀顶端弯钩下有人头形銎，人
头浓眉巨目，披发卷须，腮部有线条粗深的唇形纹饰。
戈援有棱脊，援基饰一牛首。该文物对于研究西周早、
中期西北边疆的政治和文化具有十分重要的意义。

第二组　秦戎竞逐

　　春秋战国时期，平凉境域为秦与戎族的接壤地带。秦之先祖非子曾牧马于汧渭之间，秦襄公派兵送平王东迁有功，被周天子分封为诸侯。此后泾河上游有乌氏之戎，陇山以西有绵诸、昆、翟獂之戎，泾、漆以北有义渠、大荔、乌氏、朐衍之戎。秦人和戎族共同谱写了这一时期的平凉历史，铸就了秦、戎杂居混生的多元文化特征。

　　秦戎战事

　　秦穆公三十七年（公元前 623 年），秦伐戎，"益国十二，开地千里，遂霸西戎"。

　　秦厉共公六年（公元前 471 年），义渠之戎向秦国纳贡。

　　秦厉共公三十三年（公元前 444 年），秦伐义渠戎，俘获其王。

　　秦躁公十三年（公元前 430 年），义渠戎反攻秦。

　　秦惠文王更元十年（公元前 316 年），秦攻义渠，取 25 城。

　　秦昭襄王三十五年（公元前 272 年），秦灭义渠，后在其地置北地郡。秦昭襄王筑长城经静宁西北，境内长 62 公里。

　　春秋战国时期平凉区域演变

春秋·战国

公元前770~前221年

公元前319年，秦置乌氏县。

公元前279年，陇山西侧今静宁、庄浪两县境属之。秦置陇西郡，

公元前272年，秦置北地郡，其后有乌氏、阴密、泾阳等县。

错银龙凤纹铜戈

春秋（公元前 770～前 476 年）
援长 9.5、胡长 7、内长 6.4、内宽 4 厘米
1985 年甘肃省庄浪县韩店乡西关村西面
塬遗址出土
庄浪县博物馆藏

青铜铸造。时代为春秋晚期。戈前锋作弧
形尖削状，直援，援中部有突起宽脊，两
边部凹下，刃部锋利，长胡，有阑，上下
出齿，援本近阑处有长方形三穿，长方形
直内，内上一长条形穿，内后端上下均
圆滑。在戈援本部上下两穿之间饰一奔跑
状野兽，兽嘴部有长獠牙伸出，头部有圆
球状物，卷尾屈腿作奔跑状。戈的另一面
饰一趴伏状野兽。两兽周身均饰以锥刺
纹，当为兽皮上的花斑纹。兽纹线条细腻
流畅，造型生动。沿内边缘部饰带状及凤
首、鸟首纹，靠近内穿部为凤头纹，凤头
有双花冠，环眼，曲颈。鸟头在凤头之
下，有单花冠，环眼，嘴曲内与颈形成半
圆形。整个图案刻画错落有致，惟妙惟
肖，具有强烈的艺术效果。该铜戈其精美
的纹饰，铸造工艺特殊，为研究春秋时期
青铜铸造工艺技术及兵器，提供了珍贵的
实物资料。

青铜翼兽流提梁盉

春秋（公元前 770～前 476 年）
高 30.2、长 22.5、宽 20.8 厘米
1962 年甘肃省泾川县泾明公社出土
甘肃省博物馆藏

器物整体为一四足神兽，兽首微昂，张嘴作流；
兽尾宽扁似鸟尾，翘而成鋬，圆肥兽身为盉腹
部，四兽足低矮粗壮，爪趾前凸，关节处有后
突，似禽类翘骨。整体造型精美，充分展现了东
周时期青铜铸造技术和不同地区文化交流情况。

窃曲纹青铜鼎

春秋（公元前 770～前 476 年）
通高 10.2、口径 13.1 厘米
甘肃省平凉市征集
平凉市博物馆藏

口微敛，窄平折沿，立耳，浅腹，平底，三蹄
足。腹部饰窃曲纹，底部有三角形范痕。

窃曲纹青铜带盖簋

春秋（公元前 770～前 476 年）
高 16、口径 14、足径 12 厘米
甘肃省灵台县征集
平凉市博物馆藏

有盖，盖面上隆，顶有喇叭形捉手。子母口，圆鼓腹，
腹部作两对称兽首形环耳，喇叭形高圈足。盖、腹部各
饰两周凹弦纹和窃曲纹。

兽面纹玉饰（6枚）

春秋（公元前 770 ～前 476 年）
长 1.5 厘米
甘肃省平凉市征集
平凉市博物馆藏

青白色独玉。器身上大下小呈瓢形，平背，隆面雕兽面
纹，下端有一小穿孔，手法细腻，工艺精湛。

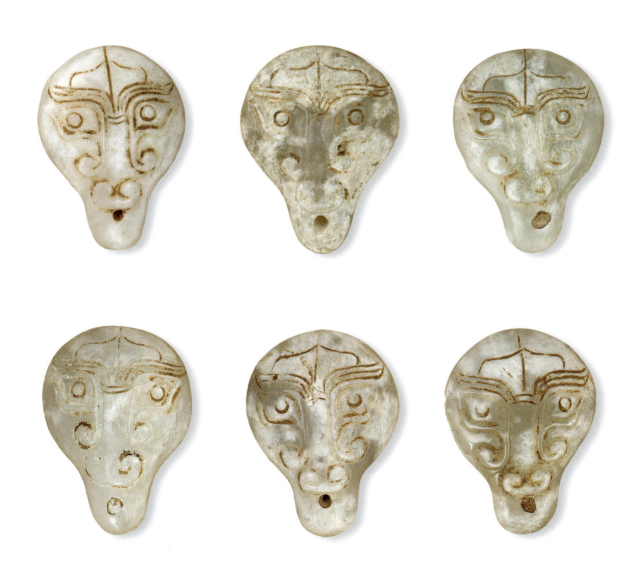

勾连云纹青玉玦

战国（公元前 475 ～前 221 年）

长 5.4、宽 4.7 厘米

1971 年甘肃省灵台县梁原公社杜家沟大队出土

平凉市博物馆藏

青玉质，局部土沁泛褐色。梯形，横截面为椭圆形。正
背两面四周及中间各线刻一道弦纹，内浅浮雕变形云纹、
兽面纹。顶部有两个圆形穿孔。

青铜团花纹环耳敦

战国（公元前 475 ～前 221 年）
通高 17.5、口径 19、腹径 21 厘米
1974 年甘肃省平凉县（现崆峒区）四十里铺公
社庙庄大队出土
甘肃省博物馆藏

敛口，圆弧式母口深盖，盖上铸三卧虎钮。圆鼓
腹，圜底近平，下有 3 只粗而矮的蹄足，两侧铺
首衔环。盖面及腹部饰团花间蟠螭纹图案。器底
饰团花纹饰。

青铜戈

战国（公元前 475 ～前 221 年）

援长 15.1、内长 8.2、胡长 12.4 厘米

甘肃省灵台县征集

平凉市博物馆藏

援狭长，略弧，锋尖，长胡，下阑，阑侧三穿，刀形内翘，上有一长形穿，三面有刃。

彩绘陶囷

战国（公元前 475 ～前 221 年）
高 25.5、底径 11 厘米
甘肃省灵台县征集
平凉市博物馆藏

泥质灰陶。顶若伞盖，三层瓦棱，周围出檐，中央有气孔。仓身圆腹下内收，小平底略内凹，腹中部开一方窗，"Ⅱ"字形窗框凸起，窗左侧倒刻一"彭"字，仓顶施红彩，仓身饰白陶衣。

青铜带盖鼎

战国（公元前 475～前 221 年）

高 20.1、口径 19.7 厘米

甘肃省泾川县征集

平凉市博物馆藏

覆钵盖，盖顶均匀分布三环，环上起乳，
子母口，两对称附耳略内收，腹中部起凸
棱一周，圜底，三蹄足。

青铜鹤嘴镐

战国（公元前 475 ～前 221 年）
长 9.5 厘米
2001 年甘肃省庄浪县南湖镇北关村征集
庄浪县博物馆藏

圆形銎，剖面呈长方形，尖端圆钝；内较
援短，二部位形制基本一致。

青铜壶

战国（公元前 475 ～前 221 年）
高 31、口径 11.2、底径 14 厘米
1971 年甘肃省灵台县征集
平凉市博物馆藏

侈口，平沿，束颈，圆肩，鼓腹下斜收，高圈足外撇。
肩部作两对称铺首衔环，肩腹部饰三组六周凹弦纹。

青铜鍑

战国（公元前 475～前 221 年）
通高 21.2、口径 15.7、底径 11 厘米
1974 年甘肃省平凉县（现崆峒区）白水公社史家
沟大队出土
平凉市博物馆藏

敛口，半环形立耳，深弧腹，平底。腹上部饰凸
弦纹一周。素面。

青铜大角鹿牌饰（3枚）

战国（公元前 475 ～前 221 年）
高 6.1、长 8.3 厘米
甘肃省静宁县征集
平凉市博物馆藏

鹿四足踩于地上，大头长嘴，尾上翘，角尾相连
成锯齿状花边。

青铜对鹿纹牌饰

战国（公元前 475～前 221 年）

长 10、宽 7.5 厘米

1982 年甘肃省庄浪县新集公社高崖韩大队出土

庄浪县博物馆藏

长方形。模铸。边沿饰二周联珠纹，主区为二只鹿相对
站立，鹿角卷曲至后颈部，环眼，尖嘴，肌肉健壮发
达，鹿体突出牌面。双鹿之间竖置三个有孔的车轮状
物，鹿腹下各置一有孔车轮状物。神态逼真，形象生
动，是北方游牧民族的装饰品。

青铜鹿（3件）

战国（公元前 475 ～前 221 年）
长 5、高 5.8 厘米；长 4.8、高 5.4 厘米；长 7.2、高 7 厘米
甘肃省平凉市崆峒区大秦乡东阳村征集（图 1、图 2）、
甘肃省静宁县征集（图 3）
平凉市博物馆藏

鹿作跪卧状。竖耳张嘴，四腿屈蹲，短尾，作引颈嘶鸣状。
颈部断开，用插管连接，可灵活扭转。

1   2   3

青铜牌饰

战国（公元前 475 ～前 221 年）
长 11.4、宽 10.4 厘米
甘肃省静宁县征集
平凉市博物馆藏

圭形框，框内透雕两组左右对称的
简化蟠螭纹。

兽面纹青玉璲

战国（公元前 475 ～前 221 年）
长 8.3、宽 2.5 厘米
甘肃省泾川县征集
平凉市博物馆藏

青玉质，局部土沁泛褐色。长方形，两边下
卷，背面有一长方形穿。正面浅浮雕勾连云
纹、兽面纹。细部则以阴线刻。

庙庄战国墓葬

　　1974 年，甘肃省博物馆考古队在平凉庙庄清理了 2 座战国晚期的中型墓葬（M6、M7），出土了鼎、鼎形灯、壶、洗、匜、镜、带钩、印及兵器等青铜器物。两座墓葬形制相同，规模较大，车坑内各出土一辆保存完好的髹漆木车，推测为战国晚期秦国的贵族墓葬，为研究秦人在西北地区的生活状况提供了重要实物资料。

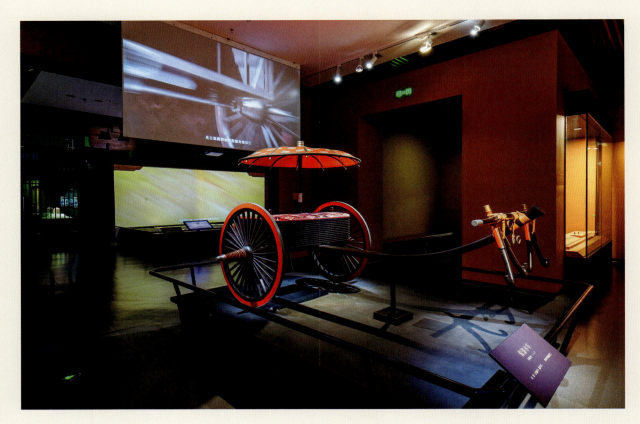

　　髹漆木车，复原比例 1：1.25，出土于平凉庙庄战国晚期墓葬 M6，保存完好，木质表面髹黑、红双色漆，独辕双轮驾四马，车舆上连接伞盖。轨宽 195 厘米，车轮直径 127 厘米，辐条 30 根。车舆为长方形，宽 140 厘米，深 95 厘米。详细说明见《考古与文物》1982 年第 5 期《平凉庙庄的两座战国墓》一文。

Important Post on the Silk Road

平凉踞泾水上源，依陇山天险，特殊的地理位置赋予了这片土地活力与魅力。秦汉以降，平凉成为中原通往西域和丝绸之路北线东端的交通孔道、军事要冲和商埠重镇，平凉的历史文化与丝绸之路的兴衰紧密相连。

Pingliang, a land of vitality and charm, lies in the source of Jinghe River and stretches across Mount Longshan. Since Qin and Han Dynasties, Pingliang has been a town of traffic, military and business importance along the path from the Central Plain to the Western Regions and the east end of the northern route of the Silk Road. Its history and culture are closely related to the rise and fall of the Silk Road.

第一组 安邦固土

秦汉时期，平凉地区西有羌氏、北近匈奴，是拱卫京畿的边防线。秦皇汉武出于加强战备、巡疆固土的需要，曾多次巡幸平凉。平凉对于中原局势的安危具有重要意义。

秦代平凉建置区划

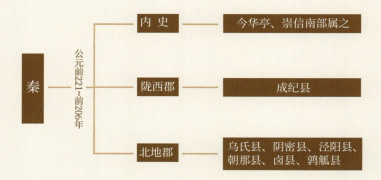

秦始皇二十六年（公元前 221 年），秦统一六国，全面推行郡县制。平凉地区除华亭、崇信南部属内史外，其余分属陇西、北地郡。秦始皇二十七年（公元前 220 年），鹑觚县治今灵台县邵寨原。另有成纪县治今静宁县治平川，卤县治今崇信。

秦始皇西巡

秦始皇二十七年（公元前 220 年），始皇筑驰道，出巡陇西、北地，登鸡头山，过回中。鸡头山即崆峒山。秦始皇西巡登崆峒，给崆峒山留下了"西来第一山"的美称。他还将山下的石头寨赐名撒宝寨（今崆峒镇寨子村）。相传秦始皇仰慕广成子，游幸至此。

弦纹灰陶茧形壶

秦（公元前 221～前 206 年）
高 24.1、口径 12.4、底径 11 厘米
李爱莲捐赠
平凉市博物馆藏

灰黑色细泥陶，胎质坚硬。叠唇口，短束颈，横
向长椭圆形腹，似蚕茧，喇叭形圈足。唇部饰凹
弦纹，颈部、足部均饰横向凸弦纹，腹部饰纵向
凹弦纹带。

青铜壶

秦（公元前 221 ～前 206 年）
通高 25.5、口径 11.1、底径 12 厘米
甘肃省泾川县征集
平凉市博物馆藏

侈口，方唇，短束颈，溜肩，鼓腹，平底，高圈
足。口部饰一周凸弦纹带，肩部左右有对称的铺
首衔环，肩至腹部饰三周凸弦纹。

环首青铜削

秦（公元前 221～前 206 年）
长 14.2、刃宽 1.5 厘米
甘肃省崇信县出土
平凉市博物馆藏

扁长条形，斜刃，柄端有一扁圆形环首。

青铜鍪

秦（公元前 221～前 206 年）
通高 19、口径 23 厘米
甘肃省灵台县百里镇征集
平凉市博物馆藏

直口，束颈，圆鼓腹，圜底近平。颈部
附对称环形耳，腹部饰凸弦纹三周。

汉武帝六巡安定郡

汉武帝时，以举国之力对匈奴连续进行军事打击。元鼎三年（公元前114年）置安定郡，今平凉辖区大部分属之。元鼎五年（公元前112年）至后元元年（公元前88年）二十余年间，汉武帝巡游安定郡达六次之多。汉武帝对安定郡的青睐，与安定郡所处的地理位置密切相关。当时，安定、北地、陇西等地，西有羌氐，北近匈奴，时时遭受威胁侵扰。安定郡虽非与匈奴交战的主战场，却是拱卫京畿的边防线、屯蓄重兵的根据地和繁育军马的大后方。武帝关注安定郡是出于加强战备、巡疆固土的需要。

平凉汉代建置区划

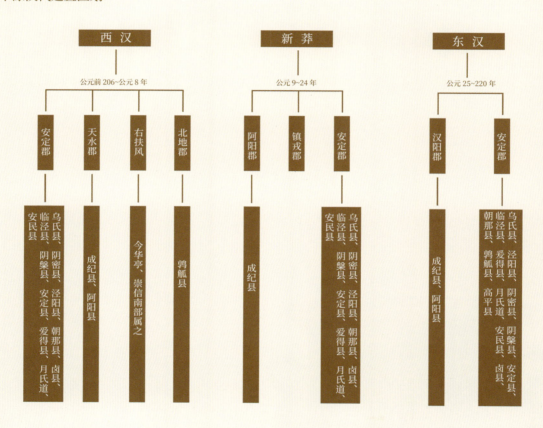

元鼎五年（公元前112年）	汉武帝西巡至雍，越陇山，西登崆峒，司马迁从之
元封四年（公元前107年）	汉武帝至雍，祠五畤，通回中道，遂北出萧关
太初元年（公元前104年）	汉武帝第三次巡视了安定郡
太始四年（公元前93年）	汉武帝西巡，西至安定、北地
征和三年（公元前90年）	汉武帝至雍，巡安定、北地
后元元年（公元前88年）	汉武帝至甘泉祭天神，至安定

平凉与丝绸之路

　　平凉地处古丝绸之路北线东端的交通要冲。秦始皇统一六国后，下令全国修筑驰道，连接咸阳、平凉、固原的官道得以初步开发。汉武帝巡幸郡国，为行路方便，又辟"回中道"，经平凉到宁夏境内。"回中道"南起千河河谷（今陕西陇县北），北出萧关（今宁夏固原东南），是关中平原通往陇东高原的交通要道，将长安通往西域的萧关古道整体贯通。

丝绸之路沙盘

彩绘陶钫

西汉（公元前 206～公元 8 年）
高 40.6、口边长 12.5、底边长 13 厘米
王作奎捐赠
平凉市博物馆藏

侈口，方唇，上扣合盝顶式盖，束颈，鼓腹，腹中部作一对浅浮雕铺首衔环，圈足外撇。盖顶饰白色卷云纹和红、白色弦纹；颈部红、白、绿三色绘三角纹和卷云纹，腹部以红、白、绿三色饰绘卷云纹带。

别部司马铜印

汉（公元前 206 ~ 公元 220 年）
宽 2.5、高 2.6 厘米
甘肃省泾川县城关镇兰家山出土
平凉市博物馆藏

方形，桥形钮，印面阴刻篆书"别部司马"四字。

韩赐铜印

汉（公元前 206 ~ 公元 220 年）
宽 1.4、高 1.5 厘米
1970 年甘肃省静宁县仁大公社深沟大队出土
平凉市博物馆藏

方形，桥形钮，印面阴刻篆书"韩赐"二字。

鎏金铜印

汉（公元前 206～公元 220 年）

宽 1.7、高 2 厘米

甘肃省平凉市崆峒区征集

平凉市博物馆藏

方形，桥形钮，印面阴刻篆书"木"字。

李傅铜印

汉（公元前 206～公元 220 年）

宽 1.7、高 1.7 厘米

王文革捐赠

平凉市博物馆藏

方形，桥形钮，印面阴刻篆书"李傅"二字。

汾阴侯铜釜

汉新莽时期始建国元年（8 年）
高 17.5、口径 18.5、底径 10.2 厘米
甘肃省泾川县征集
平凉市博物馆藏

敛口，折肩，肩部作两对称小桥耳，斜腹，平底
微鼓，肩部饰一组细密弦纹，阴刻"始建国元年
正月癸酉朔日制"和"汾阴侯"篆书铭文。

西文铅饼

汉（公元前 206～公元 220 年）
直径 5.5、厚 0.6 厘米
甘肃省灵台县中台镇康家沟村征集
灵台县博物馆藏

铅质，圆饼形。正面隆起，背面内凹，沿部较薄，正面浮雕饰一盘龙；背面铸阳文字母一周，靠内有两方戳印。西文铅饼是丝路经济繁荣的实物见证。

"长乐未央"瓦当

汉（公元前 206～公元 220 年）
直径 18 厘米
甘肃省平凉市征集
平凉市博物馆藏

泥质灰陶。圆形，当缘凸挺，当面一周凸弦纹，内由十字状凸弦纹分为四等份，作竖读篆书"长乐未央"四字。

彩绘陶楼院

汉（公元前 206～公元 220 年）
高 66.8、长 28.3、宽 21 厘米
甘肃省平凉市征集
平凉市博物馆藏

泥质灰陶。通体由三部分叠涩而起，呈五层四面坡楼阁式。底层前接三面围墙构成院落，前墙有两面坡式檐，正中开长方形大门，左右两角各起一四面坡式门楼；二至五层正面均开方形或长方形门窗。正面自上而下分别阴刻菱格纹、卷枝纹、勾连云纹、石榴纹及叠涩砖纹，并有红彩饰绘痕迹，院墙大门两侧阴刻草书"福""寿"二字。

彩绘庑殿顶双室陶仓

汉（公元前 206 ～公元 220 年）
高 34、宽 31、最大长 56 厘米
2021 年于丰侨捐赠
平凉市博物馆藏

泥质灰陶，前后屋面各饰 14 道瓦棱，左右屋面
各饰 7 道瓦棱，仓体为罐腹形，正面各开一方形
窗口，两仓之间为二层阁楼，将两罐腹仓体联为
一体，每层各设一个窗口，方形窗口均饰红彩宽
带边框，仓体近两侧檐下各有通风孔 3 个。

绿釉陶吹箫俑

汉（公元前 206 ～公元 220 年）
残高 11 厘米
甘肃省静宁县征集
平凉市博物馆藏

高鼻深目。头戴尖顶帽，双腿盘曲着地，脚心相对，双手按单管长箫作吹奏状。器表施绿釉，底部露红陶胎。

黄釉神兽俑

汉（公元前 206 ～公元 220 年）
底径 12、高 20 厘米
甘肃省平凉市崆峒区征集
平凉市博物馆藏

神兽作并蹄站立状，双耳上竖，凸目圆睁，唇上翘。一老者骑坐神兽背上，单髻后翘，身着宽袖长袍，下颌抵于神兽耳间，双手扶于神兽颈部。形态滑稽怪异。器表施姜黄釉，釉层极薄，釉面开裂，器内露红陶胎。

绿釉陶羊圈

汉（公元前 206 ～公元 220 年）
高 20.5、长 24.5、宽 16.5 厘米
甘肃省平凉市征集
平凉市博物馆藏

圈呈长方形，施绿釉，围墙出瓦檐，长壁一侧开拱
形门，圈内左端作两层四面仿木结构阁楼，上开两
拱形窗，下开四拱形门，楼前为一大一小两羊。

铜凤首三足盉

汉（公元前 206～公元 220 年）
高 11.3、口径 7.3 厘米
甘肃省平凉市崆峒区征集
平凉市博物馆藏

圆盖，子母口，扁圆形腹，圜底，三熊足。腹
中部正面有凤首形流，流口可开合，侧面短曲
柄饰虎首，盖上作桥钮，有"S"形系，腹中
部阴刻"□阳置□重三斤容一斗"铭文。

铜带盖鼎

汉（公元前 206～公元 220 年）
高 19、口径 17.5 厘米
1971 年甘肃省灵台县中台公社下河大队郭
条湾出土
平凉市博物馆藏

半球形盖，盖顶均匀分布三环，环上起
乳。子母口，两对称附耳，圜底，三矮蹄
足，腹中部饰凸弦纹一周，盖口阴刻"二
斤十四两"铭文，一耳两侧近口沿处分别
阴刻"十四斤七两廿三"和"□□和官一
□六□"铭文。

铜蒜头壶

汉（公元前 206～公元 220 年）

通高 21 厘米

甘肃省平凉市征集

平凉市博物馆藏

青铜质，直口，细长颈，溜肩，垂腹，圈足，壶
口形似合瓣蒜头形。壶整体结构比例协调，造型
古朴美观，保存完好，为汉代珍贵文物。

铜匜

汉（公元前 206～公元 220 年）

通长 31、高 8.5 厘米

甘肃省平凉市征集

平凉市博物馆藏

黄铜质，大口方唇，口部一侧有梯形长流，圜
底，底有烟炱。匜器型完整，保存完好，是研究
汉代历史的重要文物。

博山神兽纹铜樽

汉（公元前 206 ～公元 220 年）
高 27.5、口径 22.3、底径 23.5 厘米
1963 年甘肃省泾川县荔堡公社征集
平凉市博物馆藏

博山形盖，子母口，直筒腹，腹中部作两对称铺首衔环，平底，三熊足。盖
上满浮雕龙、虎、凤及鸟首，人面形怪兽，盖口圈带刻折线三角形锯齿纹。
腹部满浮雕龙、虎、熊面兽，腹上中下部各作三周圈带，分别刻弦纹、菱格
纹和折线三角形锯齿纹。通器工艺精湛，装饰手法细腻。

鸟兽纹七乳钉"尚方"铜镜

汉（公元前 206～公元 220 年）

直径 18.6、缘厚 0.5 厘米

1971 年甘肃省平凉县（现崆峒区）柳湖公社土坝大队出土

平凉市博物馆藏

圆形，圆钮，圆钮座。座外由两周凸弦纹分为三区，内区浮雕式二龙、二虎，两两对峙。中区环列七枚带内向连弧纹圆座的乳钉。其间分别为（右旋）龙、虎、鹿、鸟及三只形态怪异的独角兽。外区为一周短直线纹。内弦纹圈带上卵形与圆弧线相间环绕，外弦纹圈带上为阳文隶书"尚方作竟大……左龙右虎辟不羊朱鸟类玄武顺阴阳……亲乐富昌兮"铭文。宽缘饰三角形锯齿纹和平雕式青龙、白虎、朱雀、神兽、瑞鸟等图案。缘斜出，面微凸。

连弧纹"昭明"铜镜

汉（公元前 206～公元 220 年）
直径 13.2 厘米
1981 年甘肃省平凉县（现崆峒区）出土
平凉市博物馆藏

圆形，圆钮，柿蒂纹钮座。座外一周凸弦纹，再外一周内向八连
弧纹蒂，弧间有山字纹。外区两周短斜线纹，其间有方正隶书铭
文"内而青而明而以而昭而明而光而夬而象而日而月而不"，宽
缘素面。

谷纹青玉璜

汉（公元前 206 ~ 公元 220 年）
直径 12.2、好径 4.8 厘米
1995 年甘肃省静宁县威戎镇北关村征集
静宁县博物馆藏

玉料呈青灰色，半璧形，外边缘中部钻有
小孔，系悬挂佩戴使用。两面纹饰相同，
均为谷纹。

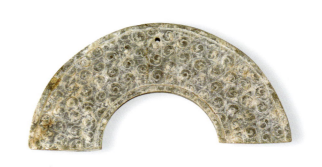

谷纹青玉璧

汉（公元前 206 ~ 公元 220 年）
直径 16.4、好径 3.8 厘米
甘肃省静宁县李店乡王家沟村出土
平凉市博物馆藏

玉料呈青灰色，局部土沁泛褐色，内外缘
各线刻弦纹一道，中饰谷纹。

蟠螭纹青玉璧

汉（公元前 206～公元 220 年）
直径 8.3、好径 4.2 厘米
甘肃省静宁县李店乡王家沟村出土
平凉市博物馆藏

玉料呈青绿色，局部土沁泛褐色，内外缘各线刻
一道弦纹，内饰简化的"S"形蟠螭纹，空白处
填以细密网纹。

勾连云纹青玉璜

汉（公元前 206～公元 220 年）
长 6.9、宽 2.1 厘米
1978 年甘肃省灵台县梁原公社征集
灵台县博物馆藏

青玉质，色白略绿，有褐色瑕斑。正面长方形，
两端上卷，背面长方台体，中间镂空长方横穿。
正面两边起凸沿，磨圆，中间浅浮雕云纹。

"建宁元年诏书作"环耳铜鼎

东汉建宁元年（168年）
高18.2、口径13.5厘米
甘肃省泾川县征集
平凉市博物馆藏

子母口，两耳近口沿，平出口折成环状，扁球形
腹，腹中部出宽板沿一周，上阴刻隶书"建宁元
年八月丁酉诏书作鼎一枚重十二斤太仆临右工史
庞善考工令张玮右丞毛迁铜曹史和□"四十字铭
文，圜底近平，三蹄足外撇。

第二组 平凉初定

　　新莽、东汉以后，中国历史进入政权更迭最频繁的魏晋南北朝时期。平凉作为中央政权的西北门户，在这一历史时期也饱经了北方民族政权迭起的纷争岁月。前秦建元十二年（376 年），苻坚灭前凉，取"平定凉国"之意，置平凉郡，"平凉"之名始见于史册。

魏晋时期平凉郡置更迭

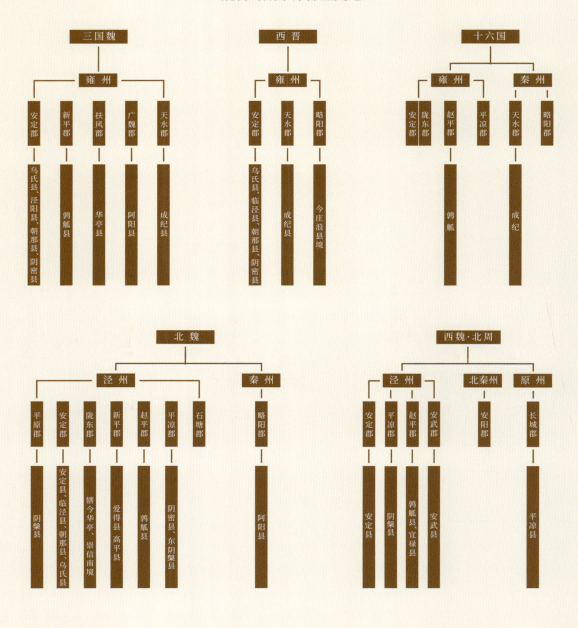

张轨——前凉开国者

张轨（255～314 年），字士彦，西晋安定郡乌氏县（今平凉）人，十六国时期前凉开国君主。张轨及其子孙据河西之地 70 余年，西通西域，南奉东晋，吸引中原士人纷纷来奔，使河西一时成为经济文化繁荣之地。376 年，苻坚灭前凉，前凉主张天锡被俘。淝水之战苻坚败后，张天锡归附东晋。

前凉张氏政权在河西的经营，促进了河西地区的经济开发和社会发展，也奠定了后凉、北凉、南凉、西凉政权延续更迭的基础。

平定前凉 得名平凉

苻坚（338～385 年），字永固，氐族，略阳临渭（今甘肃秦安）人，十六国时期前秦君主。苻坚在位前期重用汉人王猛，励精图治，令国家强盛，成功统一北方。

前秦建元十二年（376 年），苻坚灭前凉，随后置平凉郡（治今平凉西北），今崆峒区大部和华亭、崇信二县北部皆属之，这是"平凉"作为地名的开始。

皇甫谧针灸

皇甫谧（215～282 年），字士安，号玄晏先生，安定朝那（今灵台）人，魏晋时期著名学者，针灸鼻祖，在文学、史学、医学等领域多有建树，有《针灸甲乙经》《历代帝王世纪》《玄晏先生集》等多部著作行世。

皇甫谧所著《针灸甲乙经》是中国现存最早的针灸学专著，共十二卷，一百二十八篇，是在《素问》《针经》《难经》的基础上，结合皇甫谧自己的临证经验编著而成，是研究《黄帝内经》古传本的重要文献，在针灸学发展史上具有奠基性作用。

皇甫谧针灸复原场景

龙首柄铜鐎斗

魏晋（220～420 年）
高 26.2、口径 24.3 厘米
1976 年甘肃省崇信县锦屏公社平头沟大队
出土
平凉市博物馆藏

侈口，斜腹，平底，三蹄足外撇，腹部出长
曲柄，柄端龙首形。腹至底遍饰细密弦纹，
底部近中有凸棱一周，足跟浮雕人面纹。

鹿钮鎏金铜印

北朝（386～581 年）
边长 1.2、高 2.7 厘米
甘肃省平凉市征集
平凉市博物馆藏

正方形印面阴刻篆书"肖后"二字，卧鹿
钮，通体鎏金。

白玉钗首

北朝（386～581年）
长2.9、宽2.1厘米
1969年甘肃省泾川县出土
平凉市博物馆藏

玉质青白色，光洁细腻，双股，顶端较下端略宽，正视呈"凹"字形，侧视两端为锥状，乃当时贵族妇女发饰。

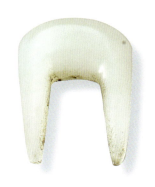

环首柄铜刀

北周（557～581年）
长6.2、刃宽0.4厘米
1969年甘肃省泾川县出土
平凉市博物馆藏

环首，长柄，斜刃，柄两端各刻一道凹弦纹，刃口较锋利。

白玉带饰

北周（557～581 年）
长 3.7、宽 3 厘米
1969 年甘肃省泾川县出土
平凉市博物馆藏

白玉质，一面平直，一面略弧，中间有椭圆形穿。

葵口铜碟

北周（557～581 年）
高 1.3、口径 11.7、底径 8 厘米
1971 年甘肃省庄浪县水洛公社西关大队出土
平凉市博物馆藏

六曲葵口外撇，浅斜腹，平底。

镂空花叶纹铜熏炉

北周（557～581 年）
高 11、口径 9.2 厘米
1971 年甘肃省庄浪县水洛公社西关大队出土
平凉市博物馆藏

蒜头钮，覆盆盖，子母口，浅直筒腹出宽平沿，平
底，屈膝三足。盖部均匀分布三组镂空叶纹。

第三组　军政重镇

　　隋唐以降，平凉作为中原通往西域和古丝绸之路北线东端的军事要冲和商埠重镇，在促进东西方贸易往来与文化交流等方面发挥着巨大作用，一度成为陇东的政治、经济、文化中心。

隋唐时期平凉建置区划

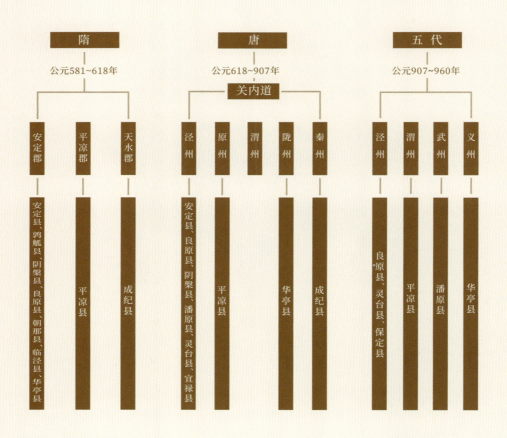

泾州之战

唐武德元年（618年），李渊建立唐朝之初，国家尚未统一。金城薛举发兵泾州，攻打长安。其子薛仁杲继位后，屯军于圻墌城（今泾川县东北），秦王李世民率领唐军两面夹击。在内无粮草、外无援兵的绝境下，薛仁杲率领一万余人出城向李世民投降。泾州之战堪称大唐立国的奠基之战，它的胜利，彻底消除了唐王朝大后方的隐患，为李世民实现统一打下了基础。

隋唐时期，平凉地处边陲，常受突厥、吐蕃侵扰。隋代在陇山以西设立陇右牧，至唐代发展为庞大的官办牧场。唐代设关内道，地区辖境多属之。唐末至五代，地区辖境由彰义军节度使统领，辖泾州、渭州、原州、义州。唐中叶后，吐蕃势力已达陇山东麓。

图表：隋唐王朝与突厥吐蕃战事统计表

隋开皇二年（582年）	突厥兵自木峡、石门关侵入，掠安定等郡牲畜
唐武德七年（624年）八月	突厥经泾州、彭原入侵南下
武德九年（626年）四月	突厥侵扰朔、原、泾等州，李靖击退之
武德九年（626年）八月	突厥颉利、突利二可汗扰泾州，京师戒严。泾州道行军总管尉迟敬德败突厥于长安北之泾阳
广德元年（763年）	今地区辖境除灵台县外多为吐蕃所据
永泰元年（765年）	郭子仪联合回纥兵，大破吐蕃于灵台西原
大历八年（773年）十月	吐蕃十万掠邠州、泾州
大历九年（774年）九月	吐蕃扰泾河北，在百里城被唐军击败
大历十年（775年）九月	吐蕃扰泾州
大历十三年（778年）九月	吐蕃万骑逼近泾州，被郭子仪等击退
建中四年（783年）	唐与吐蕃在清水结盟，划定唐地守界泾州右尽弹筝峡西口（今平凉西）
贞元二年（786年）八月	吐蕃大掠泾、陇
贞元三年（787年）闰五月	唐与吐蕃会盟于平凉，吐蕃伏兵劫盟
贞元四年（788年）	吐蕃再侵泾、邠等州
贞元八年（792年）六月	吐蕃掠泾州，虏屯田卒千余人而去
元和七年（812年）	吐蕃掠泾州
元和十五年（820年）	党项引吐蕃掠泾州，连营五十里。李光颜发邠宁兵救泾州，吐蕃退
大中三年（849年）	泾原节度使康季荣从吐蕃手中收复原州及石门等六关

右翊卫铜虎符

隋（581～618年）
高4.7、长6.9厘米
1974年甘肃省庄浪县阳川公社刘家湾大队曹家塬遗址出土
平凉市博物馆藏

虎圆竖耳，怒目张口，挺胸昂首，尾上翘，作奔走状。符头部有圆穿孔，背面有凸起的十字扣。符身正面阴刻篆书"河阳府"字样；背面阴刻楷书"右翊卫""河阳五"字样，虎背阴刻篆书"右翊卫铜虎符五"字样，字为左半部。

右翊卫铜虎符

隋（581～618 年）
高 4.7、长 6.9 厘米
1974 年甘肃省庄浪县阳川公社刘家湾大队曹家
塬遗址出土
平凉市博物馆藏

虎圆竖耳，怒目张口，挺胸昂首，尾上翘，作奔
走状。符头部有圆穿孔，背面有凸起的十字扣。
符身正面阴刻篆书"永安府"字样；背面阴刻
楷书"右翊卫""永安四"字样，虎背阴刻篆书
"右翊卫铜虎符四"字样，字为左半部。此符是
研究隋代平凉军事状况的重要实物资料。

右骁卫铜虎符

隋（581～618 年）
高 4.7、长 6.9 厘米
1974 年甘肃省庄浪县阳川公社刘家湾大队曹家塬遗址出土
平凉市博物馆藏

虎圆竖耳，怒目张口，挺胸昂首，尾上翘，作奔走状。符头部有圆穿孔，背面有凸起的十字扣。符身正面阴刻篆书"兰丰府"字样；背面阴刻楷书"右骁卫""兰丰二"字样，虎背阴刻篆书"右骁卫铜虎符二"字样，字为左半部。

左屯卫铜虎符

隋（581～618年）

高 4.7、长 6.9 厘米

1974 年甘肃省庄浪县阳川公社刘家湾大队曹家
塬遗址出土

平凉市博物馆藏

虎圆竖耳，怒目张口，挺胸昂首，尾上翘，作奔
走状。符头部有圆穿孔，背面有凸起的十字扣。
符身正面阴刻篆书"安川府"字样；背面阴刻
楷书"左屯卫""安川三"字样，虎背阴刻篆书
"左屯卫铜虎符三"字样，字为左半部。

铁券石函

唐（618～907 年）

长 39、宽 21、高 14 厘米

刘旭威捐赠

平凉市博物馆藏

灰黄色细砂岩质，函体长方形，盝顶式盖，子母口扣合，盖顶阴刻楷书"铁券函"三字，四坡浅浮雕牡丹图案，函体四周浅浮雕花叶纹，函内有盛放铁券的浅槽。

山岳纹方形铜镜

唐（618 ～ 907 年）
边长 12.6、缘厚 0.6 厘米
1982 年甘肃省灵台县新集公社征集
灵台县博物馆藏

青铜质，体呈正方形，波浪缘。背正中桥形钮，绕钮对
角浮雕叠山，山中对称饰二猿二鸟；四夹角区饰远山、
水波纹，间饰鸳鸯、荷花、莲实。该镜图案繁缛，浮雕
银白光洁，是唐代珍贵文物。

三彩葫芦瓶

唐（618～907年）
高 16、口径 2.2、底径 6.7 厘米
甘肃省平凉市征集
平凉市博物馆藏

器身呈葫芦形，小口，饼形足。腹部堆塑四朵梅花，施黄、绿、白三色釉，施釉至腹下部、底足露胎。

绿釉瓜棱罐

唐（618 ～ 907 年）
高 11.7、口径 12、底径 7.5 厘米
郭有财捐赠
平凉市博物馆藏

侈口，口沿上作乳状凸，束颈，瓜棱形鼓腹，圈足外撇。通体绿釉，釉色不匀。

青釉盘口瓶

唐（618～907年）
高13.5、口径8、底径8.4厘米
1981年白锁成捐赠
平凉市博物馆藏

盘口，束颈，溜肩，扁圆腹，圈足。施开片白釉，釉色白中冷青，光泽度好，玻璃质强。圈足露胎，色白质坚。

海兽葡萄纹方形铜镜

唐（618～907 年）

边长 11.5 厘米

甘肃省灵台县征集

平凉市博物馆藏

方形，伏兽钮，钮外由一凸起方框分为内外两区，内区四瑞兽追尾环列，四角饰孔雀屏纹，其余空间点缀十四串枝蔓缠连的葡萄纹；外区饰三十三串枝蔓缠连的葡萄和十二禽鸟，禽鸟六飞六栖，造型生动，四角饰孔雀屏纹。

坟家山唐墓

　　2009 年 4 月，在灵台县梁原乡坟家山发现 1 座保存较为完整的唐代墓葬。结构为砖室攒尖顶，由墓室、甬道、墓道组成。墓志为两块陶方砖组合成的碑形墓志，由于进水淤土严重，字迹全无。共清理获得陶器 39 件、瓷器 2 件、铜镜等 9 件，尤以 2 件彩绘陶天王俑、2 件彩绘陶镇墓兽、1 件彩绘陶骆驼俑、1 件彩绘陶胡人俑最为精美，色彩鲜艳，造型生动，惟妙惟肖。

彩绘陶镇墓兽

唐（618 ～ 907 年）
高 62、爪距 29.4 厘米
2009 年甘肃省灵台县梁原乡坟家山唐墓出土
灵台县博物馆藏

狮面兽身，闭口直视，凸睛竖眉，獠牙外突，面容狰狞，弯曲蛇矛形独角，倒"山"形胡须，肩背双翼加饰竖火焰状翅毛如孔雀开屏，两小耳立于头顶前侧。镇墓兽前肢直立，后肢蹲踞，足呈三趾兽爪形，蹲坐于地。镇墓兽通体彩绘，用红、黑、白彩饰眼、鼻、耳、嘴及颌下的细部以及胸、腹部须毛。

彩绘陶镇墓兽

唐（618～907年）
高 65.7、爪距 30 厘米
2009 年甘肃省灵台县梁原乡坟家山唐墓出土
灵台县博物馆藏

人面兽身，闭口直视，竖鼻深目，八字髭上翘，唇下有小山羊胡须；肩背双翼加饰竖火焰状翅毛如孔雀开屏。镇墓兽前肢直立，后肢蹲踞，足呈三趾兽爪形，蹲坐于地。镇墓兽通体彩绘，用红、黑、白彩饰眼、鼻、耳、嘴及颔下的细部以及胸、腹部须毛。

彩绘陶天王俑

唐（618～907 年）
高 108 厘米
2009 年甘肃省灵台县梁原乡坟家山唐墓出土
灵台县博物馆藏

头戴侧翻翘盔，竖眉怒目，短髭上翘，面容
狞厉。身着铠甲，胸前左右各一小泡状圆护，
肩覆披膊，护颈较低，与胸甲纵束甲带相扣，
铠甲下垂膝裙，左手按于胯部，右臂握拳上
举。足蹬尖头长靴，左腿直立，右腿微曲，
踏于牛臀和牛头之上，牛抬头瞪眼，跪卧于
地。俑通体彩绘，用红、黑、白、蓝彩饰花
纹、云纹、衣纹等。甲泡、束带间贴金箔，
更加凸显出俑的威严神态和蕴藉的无穷力量。

彩绘陶天王俑

唐（618～907年）

高108厘米

2009年甘肃省灵台县梁原乡坟家山唐墓出土

灵台县博物馆藏

头戴侧翻翅盔，竖眉怒目，短髭上翘，面容狰厉。身着铠甲，胸前左右各佩一块圆形绿色护镜，肩覆披膊，护颈较低，与胸甲纵束甲带相扣，铠甲下垂膝裙，右手按于胯部，左手握拳于胸前。足蹬尖头长靴，右腿直立，左腿微曲，踏于羊臀和羊头之上，羊抬头瞪眼，跪卧于地。俑通体彩绘，用红、黑、白、蓝彩饰花纹、云纹、衣纹等。甲泡、束带间贴金箔，更加凸显出俑的威严神态和蕴藉的无穷力量。

刘自政墓志

唐大中五年（851 年）

墓志盖厚 10、长 41.5、宽 42 厘米

墓志厚 7.5、长 43.5、宽 43.7 厘米

1982 年甘肃省平凉县（现崆峒区）四十里铺公社庙底下大队出土

平凉市博物馆藏

含墓志盖及墓志各 1 合，正方形，盖为盝顶式，中间篆书"大唐故刘府尹之圣记"，四周雕牡丹纹，四周边沿刻草叶纹。志铭楷书，23 行，满行 27 字。近边处有细线方框，字迹保存较好，边沿刻卷叶牡丹。

白釉执壶

五代（907～960 年）
高 22、口径 7.1、底径 6.7 厘米
1971 年甘肃省泾川县泾明公社长务城大队出土
平凉市博物馆藏

喇叭口，长束颈，丰肩，肩部管状短流，颈肩部
作曲柄，饼形足。施牙白色釉，底足露胎。

Famous Prefecture

自秦汉设郡县以来，平凉一直是屏障三秦、控驭五原的陇上重镇，素有"西出长安第一城"之称，为历代王朝所倚重。宋元以降，平凉开府立州，安营驻军，经济繁荣，边贸兴盛，英才辈出，文风昌盛，呈现出欣欣向荣的繁盛景象。

Since the establishment of Prefectures and Counties in Qin and Han Dynasties, Pingliang has long been the strategic town to shield Shaanxi and control Wuyuan. Known as "the first city standing to the west of Chang'an", it has been attached great importance from dynasty to the dynasty that is come. After the Song and Yuan, Pingliang was made the prefecture, had troops stationed and rode the crest of economy, culture and border trade.

第一组 商埠码头

自北宋以来，平凉不仅是防御西夏和金国南侵中原的屏障，而且是内地与沿边少数民族市马榷卖的边贸重镇，是陇东传统的商品集散地，素有"陇上旱码头"之称。这一时期的瓷器遗存十分丰富，尤以耀州窑系、磁州窑系、西夏灵武窑系为最。同时，具有本土特色的安口窑陶瓷的烧造技术也已成熟。

宋元时期平凉建置区划

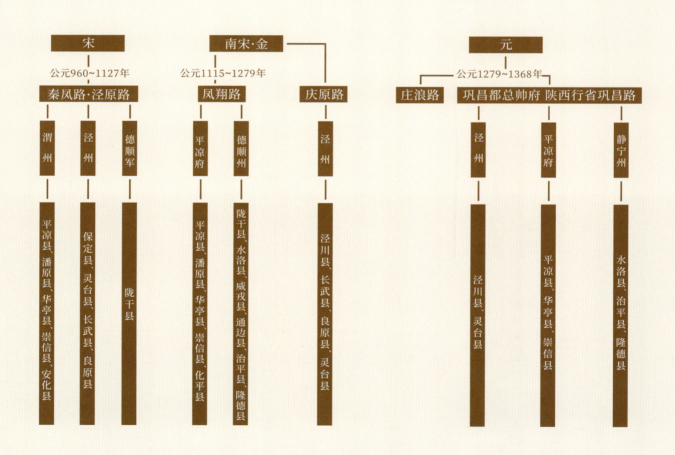

宋		南宋·金		元			
公元960~1127年		公元1115~1279年			公元1279~1368年		
秦凤路·泾原路		凤翔路	庆原路	庄浪路	巩昌都总帅府	陕西行省巩昌路	
渭州	泾州	德顺军	平凉府	德顺州	泾州	泾州	平凉府	静宁州
平凉县、潘原县、华亭县、崇信县、安化县	保定县、灵台县、长武县、良原县	陇干县	平凉县、潘原县、华亭县、崇信县、化平县	陇干县、水洛县、威戎县、通边县、治平县、隆德县	泾川县、长武县、良原县、灵台县	泾川县、灵台县	平凉县、华亭县、崇信县	水洛县、治平县、隆德县

安口窑

　　华亭市安口镇，旧称安口窑。这里陶土、坩泥、煤炭资源丰富，累朝累代广开窑口，烧造的日用陶瓷闻名西北，"安口窑"之名即由此而来。安口窑陶瓷烧造业始于唐代，宋元时期以烧制黑瓷"铁锈花"和青瓷为主，随着技术逐渐成熟，明清时以烧制黑、白陶瓷为主，明末清初渐趋衰落。

　　场景通过微缩景观形象地再现了安口窑古法烧制陶瓷的工艺流程以及陶瓷贸易的繁荣景象。

安口窑复原场景

定窑刻划莲纹白瓷盘

宋（960～1279 年）
高 4.5、口径 21、底径 6.5 厘米
甘肃省庄浪县征集
平凉市博物馆藏

六曲葵口外撇，折腹，矮圈足。内壁刻折枝莲纹，
近口沿处刻弦纹一周，线条流畅，纹饰精美，通
体施白釉，芒口。

定窑刻划莲纹白瓷碗

宋（960～1279 年）
口径 22、底径 6.4、高 6.3 厘米
1975 年甘肃省庄浪县水洛公社寺坪塬遗址出土
庄浪县博物馆藏

敞口，芒口，浅底，通体施白釉。碗内刻有莲花
纹和葵花纹，其刻花装饰具有浅浮雕的美感。胎
骨较薄而且精细，釉色洁净。

景德镇窑青白釉印花婴戏牡丹纹碗

宋（960 ～ 1279 年）
高 7.2、口径 19.7、底径 5.8 厘米
甘肃省庄浪县征集
平凉市博物馆藏

大敞口，斜腹微弧，小圈足。形似倒笠，内壁印
婴戏花纹，手法细腻，表现孩童娇憨之态生动传
神。青白釉晶莹润泽，质感如玉，胎体细薄，糊
米底。

钧窑天青釉盘

宋（960 ～ 1279 年）
高 3.7、口径 18.9、底径 6 厘米
1974 年甘肃省平凉县（现崆峒区）四十里铺公社庙底
下大队出土
平凉市博物馆藏

口微敞，浅弧腹，圈足，通体施粉青釉，足沿露胎。

磁州窑孔雀绿釉开光方斗形炉

宋（960～1279 年）
高 18.5、口边长 23.5 厘米
1975 年甘肃省庄浪县水洛公社寺坪塬遗址出土
平凉市博物馆藏

炉口方形，上大下小，四兽足。足上出二层垂
沿，炉体四壁黑彩绘如意头窗，内饰芦雁纹，外
绘折枝花卉纹。通体罩蓝绿色釉，外底露胎。

灵武窑褐釉四系扁壶

西夏（1038～1227年）
高8.9、腹径21.8厘米
1982年甘肃省灵台县百里公社征集
灵台县博物馆藏

壶体扁圆，形如龟，由两碗相捏合而成，流口微侈，圆唇外翻，短束颈，中腹突起接棱，两侧对称宽带半环状四系，腹下正中卧足，挖足较深。体施褐釉，足部无釉，腹下粘釉。

灵武窑褐釉剔花双系壶

西夏（1038～1227年）
高35、口径5、底径14厘米
1972年甘肃省庄浪县赵墩公社蛟龙掌大队出土
庄浪县博物馆藏

壶为束腰小直口，宽双系，溜肩圆腹，平底。施黑褐色釉，腹部为三道弦纹隔分为上下两层。胎体厚重，造型浑厚，胎釉较粗糙，采用磁州窑的剔刻釉的技法，每层用剔刀手法刻绘缠枝莲纹各一周，使瓷器富有装饰效果，体现出党项游牧民族瓷器粗犷神秘的特点。

磁州窑褐釉莲纹虎形瓷枕

金（1115～1234 年）
长 35、宽 16、高 9 厘米
1975 年甘肃省庄浪县水洛公社寺坪塬遗址出土
庄浪县博物馆藏

枕呈趴伏状虎形，平底，虎两鼻孔与器腹相通，当灌水之用，虎头部压于前腿之上，圆斑耳，平颅顶，上眼睑高凸，圆目平视，高鼻梁，圆穿鼻孔，嘴角夸张与耳齐，虎背下凹呈弧形，虎尾卷曲至腹部，神态安详温顺。虎背部及耳、眼、嘴角、尾巴局部施白釉，其余均为黄褐釉，釉面冰裂，枕底无釉，露黑灰胎，描黑彩。竹叶形虎皮纹用大写意的手法描绘而成，线条粗犷简洁，洒脱自然，虎头纹饰细致，侧重写实而富于变化。枕面白釉地上绘褐彩莲花，行笔舒畅流利，花形肥大饱满，清新活泼，为中国传统绘画技法，具有典型的民间艺术风格。虎枕通过黑、白、褐三色的反差对比，使整个画面更加鲜明突出。该瓷枕造型生动传神、釉色精美，堪称金代磁州窑珍品。在器物造型、装饰纹样、色彩调配上达到完美的和谐统一，笔法粗犷洗练，线条疏密有致，用彩浓淡相间，寥寥几笔使虎的神情仪态栩栩如生，体现了金代制瓷艺人深入生活、高度凝练的艺术精神。

耀州窑剔刻牡丹纹青瓷玉壶春瓶

金（1115～1234 年）
高 31.7、口径 8、底径 8.5 厘米
甘肃省平凉市崆峒区征集
平凉市博物馆藏

口微侈，束颈，垂腹，矮圈足。腹部刻四组八圈弦纹，将器身自上而下分为四区：一区刻如意云纹；二区素面；三区刻牡丹纹，面积最大；四区近足处刻仰莲纹。施青釉，足圈露胎，足底无釉，施白色化妆土。

耀州窑刻划莲纹青瓷碗

金（1115～1234 年）
高 6.5、口径 19、底径 5.3 厘米
1974 年甘肃省平凉县（现崆峒区）幸福渠滚水坝工地出土
平凉市博物馆藏

敞口，圆唇，口沿下作一周凸棱，弧腹，小圈足。内壁刻
莲花纹，施青釉，有开片，足圈露胎。

耀州窑狮形瓷灯盏

金（1115～1234年）
高8.5、盏径9.8、底径9.6厘米
甘肃省庄浪县万泉镇万泉村征集
平凉市博物馆藏

下为长方形平板座，座上站立一狮，昂首微右偏，尾上卷，胸系铃铛，背配云雷纹鞍垫，仰莲柱口置盘形盏，盏心刻莲叶纹，施青灰色开片釉，座底露胎着化妆土。

酱釉鱼水纹四系扁壶

金（1115～1234年）
高16.5、口径3、底径4.5厘米
甘肃省平凉市征集
平凉市博物馆藏

直口，短颈，扁圆腹，高圈足。腹两侧有对称四系。器表施酱色釉，腹部饰海水鱼纹，其外饰两周凸弦纹，弦纹内饰串珠纹。圈足露胎，圈足两侧有圆形穿。

三彩狮形枕

金（1115～1234 年）
长 35、高 14 厘米
甘肃省平凉市崆峒区征集
平凉市博物馆藏

枕略呈弓形，作两背向连体蹲伏狮形，平面，平底。通体施
绿、黄二色釉，枕面黑彩勾画折枝莲纹，填深绿彩，底部露泥
质红陶胎。

平凉府官造铜权

金（1115～1234 年）
高 9.6、底径 4.8 厘米
甘肃省平凉市崆峒区柳湖镇王坪村征集
平凉市博物馆藏

方形钮，腹下收，喇叭形底座。腹部铸有
楷书铭文，为"天德二年平凉府官造册"。

磁州窑白地褐彩涡纹高足杯

元（1271～1368 年）
高 10.3、口径 9.4、底径 4 厘米
2000 年甘肃省平凉市（现崆峒区）征集
平凉市博物馆藏

白地褐花，侈口，斜腹，喇叭形高圈足。口沿及
腹下部饰弦纹，腹中部饰涡纹，间有草书"水天
一色"字样，足部满釉，足跟作竹节纹。

龙泉窑青釉镂空梅瓶

元（1271～1368 年）
高 19、口径 3.8、底径 6.4 厘米
1993 年甘肃省华亭县（现华亭市）东华镇出土
华亭市博物馆藏

细颈，侈口，圆肩，曲腹，圈足。肩、腹部镂刻
缠枝花卉。胎质洁白细密，釉层厚，呈翠青色，
釉面光泽度强，温润如玉。

白地褐花芦雁花卉纹单耳壶

元（1271～1368年）
高23.2、口径7.5、底径8厘米
甘肃省平凉市征集
平凉市博物馆藏

喇叭口，束颈，溜肩，颈肩部置环形单耳，圆鼓
腹，圈足外撇。器表上三分之二白釉褐花，口沿
饰弦纹，耳部饰草叶纹，肩部以下绘芦雁花卉纹，
下三分之一施黑褐釉，底足露黄白胎。

钧窑天蓝釉三足炉

元（1271～1368 年）
口径 11.1、高 8.2 厘米
甘肃省平凉市崆峒区征集
平凉市博物馆藏

瓷炉撇沿，圆唇，束颈，垂腹较浅，平底，三足尖外撇。里外施天青色釉，足施半釉，口沿处有脱釉，腹底釉面有细碎冰裂纹。此炉釉色莹润，形制小巧，为元代钧窑瓷器中的精品。

黄釉瓜棱罐

元（1271～1368 年）
高 5.5、口径 5.1、底径 3.8 厘米
1973 年甘肃省泾川县泾明公社长务城大队征集
平凉市博物馆藏

口微侈，卷沿，粗颈，颈部作两丰环形耳，鼓腹，假圈足，脐底。腹部刻竖条纹，施姜黄色釉，釉面有开片，足底露黄白胎。

鹿衔仙草浮雕砖

宋（960～1279 年）
边长 31.5、厚 5 厘米
2000 年甘肃省平凉市（现崆峒区）征集
平凉市博物馆藏

泥质陶。方形，正面开云头方窗，内浮雕
一衔草鹿，背面素平。

奔马纹浮雕砖

宋（960～1279 年）
长 30.5、宽 15、厚 5 厘米
2000 年甘肃省平凉市（现崆峒区）征集
平凉市博物馆藏

泥质陶。长方形，正面边框凸起，内腹浮
雕一奔马，背面素平。

牡丹纹浮雕砖

宋（960～1279 年）
边长 30、厚 5.5 厘米
2000 年甘肃省平凉市（现崆峒区）征集
平凉市博物馆藏

泥质陶。方形，正面开云头方窗，内浮雕一株花苞初绽的折枝莲花，左右莲茎缠绕。背面平素。

"成子留母"模印砖

元（1271～1368 年）
长 28.5、宽 21、厚 3 厘米
甘肃省静宁县征集
平凉市博物馆藏

泥质陶。长方形，正面有凸起的边框，内浮雕一中年男子和一妇女站立于门庭前，妇人作转身欲走状，男子作挥手挽留状，男子膝下两孩童抱臂搅腰作哭泣状。天头横书楷体阳文"成子留母"字样，背面平素。

"剡子种禄" 模印砖

元（1271 ~ 1368 年）
长 28、宽 20.5、厚 3.5 厘米
甘肃省静宁县征集
平凉市博物馆藏

泥质陶，长方形，正面有凸起的边框，内浮雕一青年男子骑于马上，一少年屈膝跪于马前，天头横书楷体阳文"剡子种禄"字样，背面平素。

"曹娥哭江" 模印砖

元（1271 ~ 1368 年）
长 28.5、宽 20、厚 3 厘米
甘肃省静宁县征集
平凉市博物馆藏

泥质陶，长方形，正面有凸起的边框，内浮雕一戴孝青年女子跪于江边作悲痛哭泣状，身后孝带随风飘舞。天头横书楷体阳文"曹娥哭江"字样，背面平素。

"梁公望云"模印砖

元（1271～1368 年）
长 27、宽 20.5、厚 3.5 厘米
甘肃省静宁县征集
平凉市博物馆藏

泥质陶，长方形，正面有凸起的边框，内浮雕一老一少两男子，作屈膝跪地仰首望天状，其口有卷云，枯枝。天头横书楷体阳文"梁公望云"字样，背面平素。

红陶鸱吻

元泰定元年（1324 年）
高 100 厘米
甘肃省泾川县飞云乡南峪村征集
泾川县博物馆藏

泥质红陶，整体作龙首鱼尾形，龙口大张，作吞脊状，牛鼻、螺眉、凸目、鼓腮，双耳后抿，鬃毛上卷贴于鱼尾，尾部翘卷分鳍，两面饰鱼鳞纹。背部有一牛首人身俑骑坐于虎首，双脚踩踏于虎前足之上。通体施白色化妆土，局部脱落，尾脊两面阴刻楷书"皇帝万岁位泰定元年□十三日让币""白太月吉迷现"款，此件鸱吻形体较大，是鉴定元代建筑的标准型器物。

第二组 一方形胜

　　明清时期，平凉社会的发展一度呈现出富庶与繁华的景象。韩王就藩，使明代成为平凉历史上经济文化最为繁盛的时期。赵时春编撰的《平凉府志》，是平凉有史以来的首部府志。以书院兴盛为标志的儒家文化蔚然成风，文武进士，英才辈出。

　　明清时期平凉府建置区划

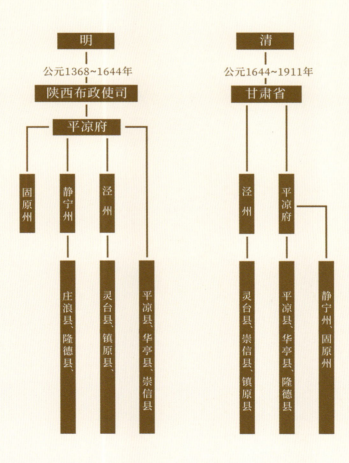

明代韩王世系

明太祖朱元璋吸取宋、元灭亡的教训，在全国各地选择大都名城分封诸子作为藩篱以维护中央政权。洪武二十四年（1391 年），朱元璋封其第二十二子朱楹驻藩平凉，称安王，无子，薨后国除。永乐二十二年（1424 年），原封于辽东开原的朱元璋第二十子韩王朱松改封平凉。韩王共传 11 世，前后 213 年。

韩宪王—韩恭王—韩怀王—韩靖王—韩惠王—韩悼王—韩康王—韩昭王—韩定王—韩端王—亶睿 (无谥)

韩恭王就藩平凉

明初，太祖朱元璋将二十四个儿子和一个侄孙分封到全国各个富庶的军事战略要地就藩，以期国家长治久安。韩王朱松，朱元璋第二十子，洪武二十四年（1391 年）封于辽东，后改封平凉，号韩宪王，一生未来平凉就藩。永乐二十二年（1424 年），朱松之子朱冲𤊾袭封，号韩恭王，宣德五年（1430 年）来平凉就藩。

明制：皇子封亲王，授金册金宝，岁禄万石，冕服车骑邸第下天子一等，公侯大臣伏而拜谒，无敢钧礼。韩恭王来平凉就藩时，御马红袍，亲兵扈从，平凉地方官员携百姓城外跪迎，尽显皇家威仪。

韩恭王就藩平凉复原场景

赵时春与《平凉府志》复原场景

赵时春与《平凉府志》

赵时春（1509～1568年），字景仁，号浚谷，平凉城南浚谷村（今纸坊沟）人。明代著名政治家、军事家、文学家。嘉靖五年（1526年）丙戌科第进士，入选翰林院庶吉士，历任吏部主事、户部主事、兵部主事、都察院御史、山西巡抚等。学识广博，著述颇丰，为"嘉靖八才子"之一。

赵时春认为平凉为西北要地，久未有志，遂于嘉靖三十五年（1556年）开始在平凉潜心编志。他以《史记》为范，遍访乡野，寻觅古迹，考阅史料，广采博录，历时5年，于嘉靖三十九年（1560年）完成编志。

《平凉府志》为平凉有史以来首部地方志书，共13卷，29万多字，分为建革、山川、户口、田赋、物产、坛祠、藩封、官师、兵制、人物、学校、孝节、风俗、河渠、寇戎、寺观、祥异17目。因其考证有据，记述准确，敢言民生疾苦，在关中诸志中最为有名，为后世治史者所推重。

平凉府城

明初，平凉侯费聚修筑平凉城，改南北二城为东西二城。后经安王、韩王屡次整修，至嘉靖时颇具规模。据赵时春《平凉府志》记载，"围九里有奇，西广而东隘，北高而南庳，横长而纵短"。

外城西起北门外柳树巷，沿今崆峒大道南，东走，至水桥沟南去，绕兴合庄与内城合。沿纸坊沟，经太平桥（今中山桥），筑有东西夹城，为防洪之用。

东南西北分别有和阳门、万安门、来远门、定北门四方城门。定北门西侧为韩王府，东侧为行太仆寺（马政管理机构），再南为平凉县衙署和苑马寺（马匹孳牧机构）。城西来远门东侧为平凉府衙署。

王府外有萧墙，内有砖城，甚是宏伟。

城北柳湖为韩王据为私有，绕湖筑墙三仞，建瓮门，开清塘，亭阁台榭，景色旖旎。

东关六厢多王府邸店，间有民居；有紫金城，为藩城。嘉靖时韩王耗时 10 年建延恩寺宝塔，至今巍然耸立。

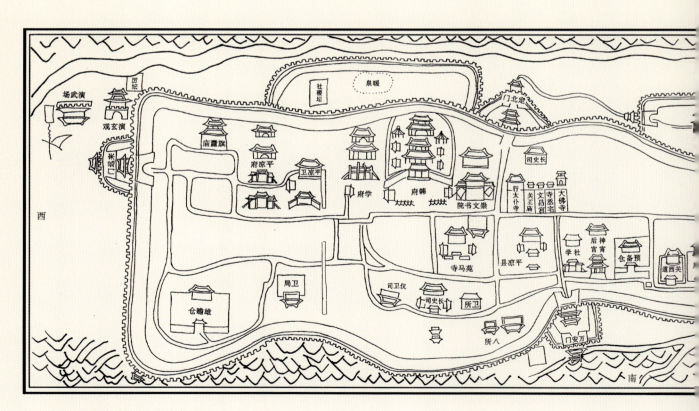

赵时春《平凉府志·平凉府城图》

明嘉靖平凉府城沙盘（根据赵时春《平凉府志·平凉府城图》复原）

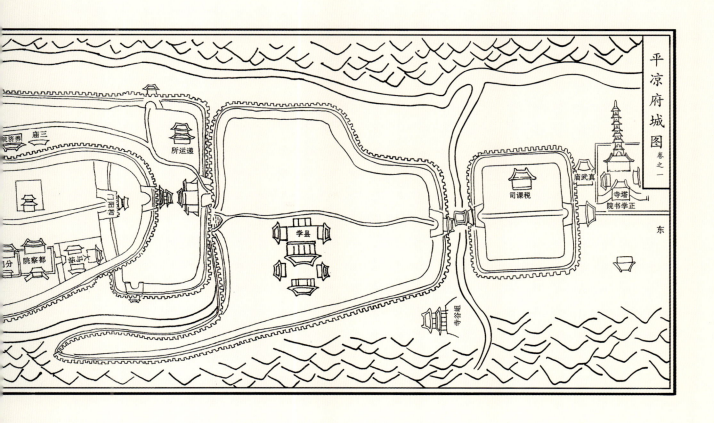

狻猊形铜炉

明（1368～1644年）
长78、高67、宽39厘米
2007年甘肃省平凉市崆峒区崆峒镇南坡村出土
平凉市博物馆藏

炉整体狻猊形，昂首仰望，张口獠牙，双目前视，作愤怒状，双耳垂奔于两颊，头顶毛发作螺旋纹状，颈部系銮铃，背部正中有一正方形火眼，内有炉箅，下有通风道，箅上有烟道直通狻猊口部，背腹部有左右对称的扁壶，壶口长方形，四足刚劲有力呈站立状，足外侧有火焰状纹饰，尾弯曲上翘成火焰形。狻猊是神话传说中的一种灵兽，是龙的九子之一，外形像一头无畏的狮子，无所畏惧、威风凛凛，有驱邪的寓意，是吉祥如意的神兽。该炉造型独特，器型优美，是研究明代历史文化、社会生活的重要实物。

兽面衔环耳铜瓶（2 件）

明（1368 ～ 1644 年）
高 90、腹径 30、口径 18.5、底径 28.8 厘米
甘肃省平凉市征集
平凉市博物馆藏

直口，外卷方唇，束长颈，对称置独角兽吐舌形
半环耳，下带小珥，耳套如意形环，胆形腹，高
圈足外撇。口沿下饰三道凹弦纹，颈部饰四个等
分扉棱间以雷纹，圈足饰菱形回纹。

龙纹琉璃瓦当

明（1368～1644 年）
高 12.4、长 29.5、宽 18.5 厘米
甘肃省平凉市征集
平凉市博物馆藏

泥质红陶，瓦身横截面呈弧形，一端窄，一端略
宽。靠近瓦头处有一如意云形瓦当，其内浅浮雕
一盘龙，施蓝色琉璃。

龙纹贯耳铜瓶

明（1368～1644 年）

高 41.6、底径 15、腹径 21、口径 7 厘米

2007 年甘肃省平凉市崆峒区崆峒镇南坡村出土

平凉市博物馆藏

直口，长直颈，双贯耳，圆肩，扁鼓腹，圈足外撇，浅浮雕纹饰，颈上部为回纹，颈中部为一龙戏珠纹，颈下部为水波及山水、云纹，肩部为莲瓣纹，腹部为双龙双珠纹，圈足饰水波纹。

"韩王宣睿造"铜鼎

明（1368 ～ 1644 年）
高 151、宽 79、口径 49 厘米
甘肃省平凉市征集
平凉市博物馆藏

器形硕大，造型精美，侈口斜沿，内折窄唇，束颈，溜肩，S 形对称高耳，鼓腹，圜底，兽面吐舌形三高足，足跟钵形。颈上部饰凸弦纹，中部浮雕夔龙六条，雷纹衬地；肩部饰二道凸弦纹；腹部錾刻"时大明崇祯三年岁次庚午季春，韩藩太妃国母董氏、韩王宣睿妃慕容氏造"及纪年、造者、监造、工匠等 59 字铭文。据铭文，此鼎为明代第十一代韩王朱宣睿所铸，是研究明代韩王历史的珍贵文物。

"正德"款阿拉伯文铜炉

明（1368～1644年）
高 10.9、腹径 18.75、口径 16.13 厘米
甘肃省平凉市征集
平凉市博物馆藏

敛口，平沿，束颈，鼓腹，圜底略平，三圆锥状矮足，颈腹间连结对称夔形双耳，腹部两侧雕如意形开光，内有阿拉伯文字"穆罕默德是真主的使者"，底部为"正德年制"印款。此炉是研究明代伊斯兰教的珍贵文物资料。

阿拉伯文铜瓶

明（1368～1644年）
高 12.5、腹径 6.91、口径 3.25×3.21、底径 4.35×4.12 厘米
甘肃省平凉市征集
平凉市博物馆藏

直口，平沿，方唇，束颈，象鼻形双耳，垂腹，喇叭形方圈
足，颈部饰一圈花卉纹带，腹部四面桃形开光，内为阿拉伯
文，衬以珍珠地。此瓶造型美观，是研究明代伊斯兰文化的珍
贵文物。

酱釉篦划纹罐

明（1368～1644 年）
高 12.3、口径 8.2、底径 9.9 厘米
甘肃省平凉市崆峒区征集
平凉市博物馆藏

直口，短颈，折沿，筒形腹下斜收，矮圈
足，平底。施黑褐色酱釉，口沿刮釉，腹
中部刮釉一圈，饰两组水波状篦划纹，底
部露胎。

"虎贲卫"铜铳

明（1368～1644年）
长 37.2 厘米
1983 年甘肃省静宁县红寺乡红寺梁出土
静宁县博物馆藏

黄铜质，由大碗口、前膛、药膛、尾銎
等部位构成，炮身中铸两道束箍，尾銎
有药孔。中刻"虎贲卫虎字拾贰号大碗口
筒重贰拾伍斤玖两洪武五年八月吉日宝源
局"30 字铭文。

黄绿釉竹节执壶

清（1644～1911年）
高 11.4、口径 6.3、底径 6.2 厘米
甘肃省崇信县征集
平凉市博物馆藏

子母口，竹节状直筒腹，腹左侧下部三分之一
处出长曲流，沿腹壁上扬，右侧作方执，流、
执均呈竹枝形，矮圈足。盖顶堆塑花钮，钮旁
有一小气孔；绕流堆塑卷龙一条，龙首上扬，
造型生动；腹壁饰浅浮雕竹枝蝴蝶图案，底部
有阳文"乾隆年制"篆书款。器表施黄绿釉，
内施绿釉，盖沿下及足圈露胎，白胎细腻，釉
色莹润。

粉彩博古图凤尾瓶

清（1644～1911 年）
通高 42、腹径 21、口径 17.3、底径 14.3 厘米
旧藏
平凉市博物馆藏

喇叭口，束颈，溜肩，深腹微鼓，平底，圈足，
里外通饰白釉。器表图案均为粉彩，口沿、颈
下、下腹近底处分别绘如意纹带、如意莲花纹
带、方形莲瓣花卉纹带，纹带内填充博古图案。

青玉莲鱼摆件

清（1644～1911 年）

长 17 厘米

甘肃省庄浪县征集

平凉市博物馆藏

玉料呈青白色。扁体近"S"形，镂雕成两口衔莲枝，交首遨游的鲶鱼，以细密阴线琢刻鱼鳍及荷叶脉络，雕镂精细，生动逼真。

青玉牡丹花形饰片

清（1644～1911 年）
长 4.2 厘米
甘肃省庄浪县征集
平凉市博物馆藏

玉料呈青白色，正面透雕一朵盛开的牡丹花。背面透雕三层，花蕊及双层花瓣，花蕊中心镂刻一圆孔，底部线刻花叶。

碧玉碗

清（1644～1911 年）
高 7.3、口径 20.5、底径 10.9 厘米
甘肃省静宁县征集
平凉市博物馆藏

碧玉料，含灰黑色瑕，质温润。侈口，弧腹，圈足，平底。此碗器大体薄，抛光细润，玉质精美，是清中期玉器中的精品，具有较高的艺术价值。

镂空花卉纹木盒

清（1644～1911 年）
长 22.8、宽 10、高 12.3 厘米
甘肃省崇信县锦屏镇西街村征集
平凉市博物馆藏

楸木质。盒身委角长方体，分上下两层。下层独
体，四壁间 45°格角榫组合。粘附于底面，正
面开四橱，橱间插板隔断，上二橱面透雕四叶花
图案，中橱面透雕圆形窗，下橱面开缘窗，四角
透雕卷枝图案。上层作二方对折式，各由两个
合页与下层连接，四壁间亦作 45°格角榫组合。
粘附于底面之上，内匣细长凹榜，前面插板两端
透雕缠枝牡丹、菊花图案，中间堆贴一面四叶
花。盒身上层两端有铜和钩。

黑底红绿彩描金桃心形漆盒

清（1644～1911 年）

高 9.8 厘米

甘肃省平凉市征集

平凉市博物馆藏

夹纻胎。盒体呈桃形，子母口，平底。盒内外均髹黑漆地，盒身由两周髹红漆圈带分上、中、下三区，上区盖顶浅雕西番莲纹间三宝纹，中区线雕一前一后两篆寿和缠枝西番莲纹，下区线雕一周缠枝西番莲纹，莲朵髹红漆，茎叶髹绿漆，素底，髹漆工艺精湛，施饰手法细腻，具有较高的艺术价值。

结语

Conclusion

美哉，古郡平凉，古风泱泱！

壮哉，文华平凉，文蕴悠长！

周秦汉魏雄风起，拓域开疆；

唐宋明清竞风流，谱写华章。

观平凉，厚土沃壤，俊彩之邦；

赞平凉，英雄竞骥，风骚一方。

俱往矣！惟祝愿：

龙兴之地仰古迹，革故鼎新，再启鹏程；

陇宝泾华鸣盛世，鉴往知今，共襄复兴！

With grand history, Profound culture,

Did Pingliang rise and expand in the Zhou, Qin, Han and Wei; Find its prosperity in the Tang, Song, Ming and Qing.

How rich it has been, Breeding so many persons of virtue that led the time.

But all gone is gone! Only tomorrow counts.

May it re-start the career through reform and innovation;

And restore the glory in the modern time!

道源崆峒

——道文化陈列

Taoism Culture Display

前言

Foreword

　　中国"道文化"源远流长，博大精深。它滥觞于道法自然的朴素世界观，发展于诸子百家，光大于黄老之学，是最为重要的中国古典哲学思想，是中国传统文化的"根"和"魂"，对中国社会发展、历史演进、民族交融、百业荣兴，乃至个人的人生观、价值观，都产生着极为广泛而深远的影响。肇始于传统"道文化"和古老神仙方术的道教，以"道"为最高信仰，尊老子为教祖，奉《道德经》为经典，是根植于中华民族灵魂深处的中国本土宗教。

　　平凉崆峒山初有"黄帝问道"，始为道源圣地；继有秦皇汉武慕名登临，寻仙访道，被誉为"西来第一山"；后有张三丰归隐修身论道，成就道教重地。千余年的积淀和发展，遗存有大量的道观建筑和造像壁画，蕴含着丰富的"道文化"智慧，体现了多彩的"道文化"艺术风貌。而今，这片土地又衍生出适合现代人生活的"养生之道"，成为平凉旅游文化的重要组成部分。让我们跟随展览，一同探索中国"道文化"的瑰丽神奇，感悟崆峒"道源文化"的古韵沉香。

China boasts long standing, extensive and profound Taoism culture. Taoism originates from the simple world view "Tao follows the law of Nature", develops from hundred schools of thought and reaches its height through the Huang Lao thought. As a native religion, it is regarded as the most important Chinese classical philosophy thought, and the "root" and "soul" of traditional Chinese culture, posing profound and enduring influence on China's historical and social development, ethnic integration, industrial prosperity, and even personal view of life and values. Taoism, developing from traditional Tao culture and ancient supernatural arts, takes Tao as the highest belief, Lao Zi as the founder and the Canon of Reason and Virtue (Tao Te Ching) as its classic.

Kongtong Mountain, situated in Pingliang City, had been known as one of the sacred mountains of Taoism due to the story of "Huangdi asking Guang Chengzi". Later, Qin Shi Huang and Emperor Wu of Han visited the mountain to find the Tao. After that, Zhang Sanfeng retired from the world and cultivated Taoism here, fostering the boom of Taoism. Thanks to more than a thousand years of development, Kongtong Mountain boasts a large number of Taoist temples, statues and murals, embodying wisdom and colorful artistic features of Taoism culture. Nowadays, this land has fostered a "way of keeping in good health" suitable for modern lifestyle, which has become an important part of Pingliang tourism culture. Let's explore and appreciate the charm of Kongtong Mountain as the origin of Taoism culture.

Long History of Taoism

　　平凉是中国道文化的重要发源地。静宁成纪古城被誉为"人类开元第一城"，是"人文初祖"伏羲的降生之地；西王母信仰在平凉广为流传，泾川回山王母宫是海内外华夏儿女奉祀西王母的圣地；崆峒山更是被尊为"西来第一山"，道文化底蕴十分深厚，至今仍是我国道教文化中心之一。

　　Pingliang is an important birthplace for Chinese Taoism culture. Chengji Ancient City in Jingning is known as "the first city since appearance of humans" and the birthplace of Fu Xi, "ancestor of Chinese nation". As Queen Mother of the West is widely believed in Pingliang, the Queen Mother's palace in Jingchuan provides a holy place of worship for Chinese people. Besides, Kongtong Mountain boasts the "first mountain in the west" features profound Taoism culture and is one of China's Taoism culture centers.

<h1>第一组　原始信仰</h1>

　　道教是中国传统文化的渊薮，它在发展过程中吸收了原始社会的巫觋文化，先秦时期的儒家、道家和阴阳家思想，形成了以神仙信仰为核心，以长生不老为目的的宗教文化体系。平凉境内流传有伏羲降生古成纪、黄帝问道广成子、西王母夜宴周穆王等远古传说，这些神话传说与道文化遗迹，充分反映了道教的原始信仰。

<h2>朱雀纹瓦当</h2>

西汉（公元前 206 ～公元 8 年）
直径 19.5 厘米
甘肃省平凉市征集
平凉市博物馆藏

泥质灰陶。圆形，半球形当心，当缘凸挺，
当面饰高浮雕朱雀纹。

铜博山炉

汉（公元前 206 ～公元 220 年）

高 22、口径 11.3、盘径 19.5 厘米

1964 年甘肃省泾川县党原公社出土

平凉市博物馆藏

镂空博山形盖，子母口，半球形腹，喇叭
形底座与平折沿托盘套接，座上饰席纹作
底的柿蒂纹。

绿釉博山神兽纹陶樽

汉（公元前 206～公元 220 年）
高 24.5 厘米
甘肃省平凉市征集
平凉市博物馆藏

博山形盖，子母口，筒形腹，平底，三兽足。腹口作一周乳突。腹壁两周弦纹，其间浅浮雕两对称铺首衔环和龙虎图案。通体施浅绿釉，盖部釉色偏灰，泥质红陶胎。

羽人神兽纹七乳钉铜镜

汉（公元前 206～公元 220 年）
直径 21.2、缘厚 0.7 厘米
甘肃省华亭县（现华亭市）征集
平凉市博物馆藏

圆形，圆钮，圆钮座。钮座外九枚圆座小乳钉和花蕾纹相间环绕。其外为两周短斜线纹夹一周宽弦纹带。再外主纹为七枚有内向连弧纹圆座的乳钉，其间云气纹衬地，饰以（右旋）执花草的羽人，昂首蹲伏的青龙、蟾蜍形瑞兽，羊形独角兽，俯首奔走的白虎，蹲立鸣叫的神鸟和振翅欲飞的朱雀。最外为一周短斜线纹。宽缘饰锯齿和双曲线纹。

仙山神人纹菱花形铜镜

唐（618～907 年）
直径 12.3 厘米
马玉昆捐赠
平凉市博物馆藏

八瓣菱花形，内切圆形，圆钮。上下二仙各骑一天马，绕钮同向奔驰，天马四蹄张开，凌空飞翔，仙人飘带舒卷，神情怡然。左右为两座仙山祥云图案，八瓣边缘有两瓣饰流云纹。

狻猊钮盖铜方炉

明（1368～1644 年）
通高 31.5、口长 21、口宽 16 厘米
1975 年甘肃省平凉县（现崆峒区）征集
平凉市博物馆藏

铜炉由炉身、炉盖两部分组成。盖顶正中
有一狻猊形握柄，狻猊口微张，回首顾望；
炉身呈方形，两侧有对称立耳，八扉棱相
隔。四足弯曲，上部装饰兽面形象，底部
为"宣德年造"印款。

鎏金铜玄武

明（1368～1644年）
高50、宽50厘米
甘肃省平凉市崆峒区征集
平凉市博物馆藏

平凉是中国道文化的重要发源地，崆峒山以黄帝问道广成子而闻名天下，被尊为"西来第一山"，史称道教"教源所在"，道文化底蕴十分深厚。崆峒山道教造像古朴庄重，法度严谨。玄武为崆峒山主神，又称真武，民间尊称为玄天上帝、真武大帝。明朝初期，燕王朱棣发动"靖难之变"，传说真武大帝曾显灵相助，特敕封真武大帝为"北极镇天真武玄天上帝"。永乐年间，成祖朱棣敕碑崆峒山，明令保护寺院道观，崆峒山由此成为明代皇室在北方的道场，后来逐渐成为全国著名的道教圣地。这件鎏金铜玄武作龟蛇缠绕状，蛇头高耸，乌龟后望，与蛇对视，龟甲蛇鳞清晰逼真，造型优美，工艺精湛，是崆峒道源文化弥足珍贵的代表性实物。

龙纹铜罗盘

明（1368～1644年）

直径 9.8 厘米

甘肃省平凉市征集

平凉市博物馆藏

圆形，盘面中心内凹，绕四面外依次方格纹分为三区，一区为八卦，二区为干支，三区为五行，并有二十四卦。盘背菊瓣形钮，一龙绕钮盘曲，其间有花瓣形乳钉。

第二组　老子与道

　　老子是道家学说的代表人物，其所著《道德经》以"道生万物"为基础，论述天地、国家、万物和人自身的各种关系，有"无为""贵柔"等哲学思考和政治主张。"道"的学说经过列子、杨朱、庄子、张道陵、葛洪等人的发展，成为后世道教的理论基础。老子被奉为道教之祖，是道教最高的"三清"之一——道德天尊。

　　老子姓李，名耳，又称老聃，楚国苦县（今河南鹿邑）人，春秋时期伟大的哲学家和思想家。曾任周朝守藏史，孔子曾问礼于老子。后辞官离去，经函谷关时，为关令尹喜著书《道德经》五千言。之后尹喜、列子、杨朱、庄子等进一步发展了老子的道学思想，最终形成道家学派。

　　战国末年到西汉初年，融合黄帝与老子学说的"黄老之学"成为重要的文化及政治流派，后来又融合方仙道的神仙信仰形成黄老道，老子也成为"道"的化身。

老子西出函谷关复原场景

"老子八十一化"壁画

　　"老子八十一化"图是描绘老子一生及身后显化事迹的道教绘画作品，有宫观壁画、线描图等形式。司马迁《史记》为老子李耳立传时，曾留下了"莫知其所终"和"隐君子也"的疑团。"八十一化"图演绎了"老子化胡"的故事，以老子的身世为主线，讲述老子的前世、诞圣、仙后三个阶段，生动刻画了其托身尘世、拜师学道、创世济人、指迷引路、惩恶戒烦、神圣交往、渡人成仙的历程，全景式描绘了老子起于元始，至于宋绍圣五年（1098 年）的显化事迹。

　　平凉崆峒山、庄浪紫荆山两处留存有"老子八十一化"壁画，这在全国亦属罕见，为研究道教文化提供了弥足珍贵的实物资料。崆峒山壁画绘于明代，共 82 方，内容完好无缺；紫荆山壁画绘于元代，因宫观塌毁仅存 22 方，揭取后由平凉市博物馆收藏。

"三清图"壁画

元（1271～1368 年）
高 151、宽 95 厘米
1984 年甘肃省庄浪县紫荆山老君庙殿揭取
平凉市博物馆藏

Heyday of Kongtong Mountain

崆峒山自古道、释两教并存。至明代，由于韩王太妃笃信道教，在崆峒山大兴土木，营建宫观，铸造铜像，并将"问道宫"辟为道教"十方常住"，道教势力得到空前发展，崆峒山遂成为全国著名的道教圣地。

Taoism and Buddhism have co-existed in Kongtong Mountain since ancient times. Till Ming Dynasty, dowager of Han prince was a devout believer in Taoism so that she established temples and statues and made "palace of seeking the Tao" be a place for receiving Taoists. Taoism has seen unprecedented development, causing Kongtong Mountain to be a famous Taoist holy place in China.

第一组 崆峒胜境

崆峒山峰峦叠嶂、怪石突兀，似鬼斧神工，林海浩瀚、烟笼雾锁，如缥缈仙境，相传为广成子修炼得道之所，素有"西来第一山""西镇奇观"之美誉。秦汉时，山上已有庙观建筑，以后历代续建不断，至今日，琳宫梵刹遍布诸峰，高崖绝壁上刻有"崆峒仙境"四个大字。奇险灵秀的自然景观和古朴精巧的人文景观交相辉映，构建出一幅气象万千的崆峒胜境。

崆峒山与道教

崆峒山以黄帝问道广成子而闻名天下，史称道教"教源所在"。传说中广成子、赤松子、容成公等古仙人曾在崆峒石室中隐居修炼，至今犹存"广成子洞""浴丹泉""黄帝问道处"等遗迹。此后，周穆王、秦始皇、汉武帝等都先后慕名登临，探求长生不老的神仙方术。

秦汉时期，崆峒山上就有方士隐居修炼；魏晋时已有洞室；唐代建有问道宫。北宋乾德年间（963～968年）建太和宫；政和年间（1111～1118年）重修问道宫，成为道教的重要道观。

明代，崆峒山道教活动盛极一时。武当派祖师张三丰、全真道道士王道成都在崆峒山创立道场。敕封于平凉的历代韩王多崇祀真武，在山上大兴土木，先后修建太和宫、静乐宫、天仙宫、遇真宫、南崖宫、药王洞、三教洞、磨针观、紫霄宫、三官殿、雷祖殿和龙君殿等宫观。

明末清初，崆峒山建筑因战乱受到毁坏。清康熙十五年（1676年），平凉知府杨凤起函请陕西陇县龙门洞全真龙门派第十代掌门人苗青阳为崆峒山住持，重修皇城，将崆峒山列为全国道教十二大"十方常住"之一。至1949年，崆峒山道教已传至21代，山上道教宫观达42处，道士达百余人。

雾锁崆峒

崆峒山古建筑群

崆峒山道、释并存，山上古建筑群依山就势，分为皇城、雷声峰、舒华寺（佛教寺院）三部分，层次分明。其中皇城和雷声峰为道教宫观所在。皇城内有磨针观、十二元帅殿、太白楼、灵官洞、献殿、真武殿、玉皇殿、天师殿、药王殿、老君楼、天仙宫 11 处，雷声峰有三官殿、玉皇楼、三星殿、雷祖殿 4 处，主要为宋、明两代建筑遗存，清代有所修葺。崆峒山古建筑群为全国重点文物保护单位。

皇城建筑群

磨针观

玉皇楼

第二组　崆峒造像

　　由于道教在崆峒山的突出地位，使得崆峒山及周边地区的道教造像极为丰富，尤以明代韩藩王室所铸造像为甚。造像古朴庄重，法度严谨，充分体现了崆峒山的钟灵毓秀和道脉道风的源远流长。

　　道教以长生不死、修炼得道者为神仙。在发展过程中吸收了先秦以来的天神、地祇和自然神灵的神祇形象，形成了以老子为代表的三清、四御等尊神和以城隍、土地、灵官等为代表的天地人三界诸神。尊神是道教最高信仰的人格化身，诸神则包括社会百业和自然万象的主管之神。

真武大帝，又称玄武大帝，民间称无量祖师，为道教玉京尊神。唐宋以来，玄武崇拜日盛。尤其是北宋边患频仍，作为北方主神的玄武，其崇拜得到官方支持，为避宋太祖赵玄郎之讳，玄武由宋真宗改名为真武。

鎏金铜真武大帝坐像

明（1368～1644年）
高35.4厘米
甘肃省平凉市崆峒区征集
平凉市博物馆藏

长发披肩，垂耳弯眉，胡须左飘，内着长袍，腰束革带，腕带护甲，外披宽袖大衣，衣纹流畅，长袍垂于脚部，两手心朝下，放于腿根部，赤足倚坐于四足方座之上，座前中间置一玄武，通体涂金。

彩绘鎏金铜真武大帝坐像

明（1368 ~ 1644 年）
高 30.39、宽 20.15 厘米
甘肃省平凉市崆峒区征集
平凉市博物馆藏

黄铜质，长发披肩，面容丰满，双目平视，大耳，穿圆
领铠甲，肩绕飘带，腰束革带，袍袖肘部翘起，腕有护
甲，左臂斜伸于腹前，右臂曲垂，手握宝剑，左腿前
伸，右腿盘曲，腿部缚有护甲，赤足坐于束腰坛座上。
面部涂金，铠甲用红、白、黑色彩绘。

刷金铜无量祖师坐像

明（1368 ～ 1644 年）
高 69 厘米
甘肃省平凉市崆峒区征集
平凉市博物馆藏

作坐姿，无量祖师长发披肩，硕首大耳，
面丰圆而微笑，墨画三绺须，内着护甲，
外穿战袍，"日"字圆形腰牌，双臂屈垂
于膝，右手降魔指，左手抚左膝，屈腿坐
于椅座之上，为明代珍贵文物。

刷金铜太上老君坐像

明（1368～1644 年）
高 47.7 厘米
甘肃省平凉市征集
平凉市博物馆藏

头顶高扎髻，面容祥和，身穿披帛长袖衣，衣纹自然下垂于手臂部，两手紧握八卦镜置于胸前，盘腿坐于莲花座之上，莲花瓣台放于四方亭台上，方亭台呈束腰形上大下小，造型独特，为明代珍贵文物。

三官即天官、地官、水官，其信仰源于原始社会的自然神崇拜。在道教神谱中，三官人格化为天官唐尧，主赐福；地官虞舜，主赦罪；水官大禹，主解厄。

刷金铜天官尧王坐像

明（1368～1644 年）
高 48.2 厘米
甘肃省平凉市征集
平凉市博物馆藏

头戴冠，圆脸丰面，弯眉秀眼，高鼻小口，三须垂贴胸前，以金涂面，身着长服披肩，两手抱于胸前，手中执一物（残失），挺坐于台座之上。宽袖贴垂于腿部两侧，衣摆下外露半圆靴头。座右侧阳铭地名、人名共计 23 字。

刷金铜地官舜王坐像

明（1368～1644年）
高 40.5 厘米
甘肃省平凉市征集
平凉市博物馆藏

头戴明王冠，珠带绕冠，贴臂而垂，大耳，方面涂金，长眉修目，高鼻丰唇，三须面下；宽肩丰体，身穿交领宽袖长袍，腰束结带，双手拱于胸前，带佩掩手，足蹬虎头鞋，双腿弯曲，坐于四方床座之上。佩上有长方卯口，座下为三级须弥方座。衣边及座沿线雕折枝莲花、宝相花、三角珠点及动物图案。

刷金铜水官禹王坐像

明（1368～1644年）
高 40.5 厘米
甘肃省平凉市征集
平凉市博物馆藏

头戴冕冠，缯带绕冠贴臂垂下，大耳方面，竖眉睁目，凸鼻抿嘴，长须贴胸下垂；宽肩丰体，戴如意坠项圈，内着长袍，外着交领大衣，袖下垂两侧，腰束革带，双手相握掩于胸前带佩之下，两腿弯曲，坐于方形床座之上，二足半露，着云头履。底座为三阶坛座。此造像是研究明代道教造像艺术的重要资料。

刷金铜马灵官立像

明（1368～1644 年）
高 34.6 厘米
甘肃省平凉市征集
平凉市博物馆藏

头戴冠，面容丰满，弯眉，鼓目，高鼻，抿嘴，大耳；身着圆领人字纹铠甲，腹裹护甲，腰束革带，肘部衣翘起，左臂曲举于胸前，手托三角形金砖，上有凸眼，右臂曲垂，手呈半握状；飘带呈倒 U 字形从头部绕于两肋间，下垂至台沿上翘呈钩状，下着短袍；两腿穿铠甲，双腿分开呈丁字形站立于四足长方台之上。灵官是道教的护法尊神，司纠察之职，法力无边，能镇妖伏魔，一般道教宫观山门内的第一座殿即灵官殿，此像是研究明代道教造像艺术的重要文物资料。

彩绘刷金铜赵灵官坐像

明（1368～1644 年）
高 130 厘米
甘肃省平凉市崆峒区征集
平凉市博物馆藏

像黄铜质，作坐姿，灵官头戴乌纱帽，大耳，面
容饱满，弯眉长鼻，大眼厚唇，垂须。身着圆领
龙袍，右手握玉带，左手扶左膝，双开腿蹲坐虎
背，下有方坛，袍服胸前浮雕蟠龙，后雕莲花，
衣边雕缠枝卷叶纹，底座前沿铸有铭文"礼泉县
金火匠人"等15字楷书铭文。此像体态丰满，
衣纹清晰。

刷金铜水德星君像

明（1368～1644 年）
高 34.7 厘米
甘肃省平凉市征集
平凉市博物馆藏

头戴高冠，大耳丰面，睁目弯眉，凸鼻抿嘴，三须长垂，身着通肩长袍，胸饰方佩项圈，腰束款带，双臂自然下垂，两手合放于右膝，宽袖于右腿两侧下拖于座面，分腿屈膝，挺胸而坐，略显侧身，衣摆下半露云头平底靴，座为长方台座下附床座。

刷金铜雷祖坐像

明（1368～1644年）
高 40.8 厘米
甘肃省平凉市崆峒区征集
平凉市博物馆藏

由雷祖、坐骑和底座三部分组成。雷祖长发披肩，大耳，额生天眼，面容丰满，眉目清秀，身着甲胄，飘带绕体，左臂曲举于胸前，手持弹丸，右臂曲放于膝盖，手握宝剑，昂首挺胸而坐，右腿盘放兽颈，赤足，足心向前；左腿下伸，赤足，足心蹬于座沿，衣摆覆掩兽身。坐骑似鹿形，头生独角，火焰形鳍，削竹双耳，凸眉，球目，长嘴略尖，下颌生须，曲颈前视，右前足曲站，左前肢跪地，后身卧伏，粗尾翘卷，脊饰鳍，体鳞纹，下为四足长方形床座。

鎏金铜雷部天君立像

明（1368 ～ 1644 年）
宽 16、高 33.5 厘米
甘肃省平凉市征集
平凉市博物馆藏

像表面涂金，头戴冠，凸眉深目，高鼻大嘴，嘴两角有獠牙，大耳，
面部凶恶，身穿圆领人字纹铠甲，腰束革带，左臂斜穿短袍，双手交
于腹前，手下疑有一物，飘带呈倒 "U" 字形，从头部绕于两肋间，
下垂至台沿上翘呈钩状，双腿着护甲，足穿靴，双腿分开立于四足长
方形台之上，此像是研究明代道教造像重要文物。

鎏金铜雷公立像

明（1368～1644 年）
高 34.5、宽 16.33 厘米
甘肃省平凉市征集
平凉市博物馆藏

立姿，头戴冠，鬓毛后卷，额有一眼，凸眼，深目圆鼓，高鼻，鸟喙，大耳，颈戴项圈，袒胸露腹，手腕戴钏，左臂曲提手握钻，右臂曲举于胸前手握锤，飘带呈倒"U"字形，从头部绕于两肋间，下垂至台沿上翘呈钩状，下着短裙，腰束革带，足腕戴钏，鸟形足，双腿分开站立于四足长方台上，此像是研究明代道教造像的重要文物。

鎏金铜判官立像

明（1368～1644年）
高34、宽16.5厘米
甘肃省平凉市征集
平凉市博物馆藏

判官像，铜质，站姿，通体涂金，头戴进贤冠，冠翅曲垂双肩，立眉凸目，额生白毫相，高鼻丰唇，面目狰狞，三缕浓须，贴垂胸前，身穿通肩长袍，粗腰大腹，饰玉带及串珠状带饰，两腿分立，足蹬靴，站于四足床座之上，右手屈伸胸前紧握一笔，左手持握生死簿，此像逼真生动，是明代道教艺术之精品。

铜文昌帝君坐像

明（1368～1644年）
宽35、高45、厚26厘米
甘肃省平凉市崆峒区征集
平凉市博物馆藏

坐姿，头戴七梁冠，大耳，面容祥和，两目平视，高鼻小口，身着交领大衣，衣边饰缠枝花纹，束腰带佩下垂，双手执笏，款袖贴垂腿部两侧，脚穿云头靴，挺胸端坐于软垫二层座之上，造像做工精美，是明代造像中的珍品。

文昌帝君是道教尊奉的掌管士人功名禄位之神，专司考试、命运，及助佑读书撰文之职，文昌星被认为是主持文运功名的星宿。

刷金铜文昌弟子立像

明（1368～1644年）
高 36.4 厘米
甘肃省平凉市征集
平凉市博物馆藏

头戴冠，大耳丰面，眉清目秀，高鼻小口，着交领大衣，方坠项圈饰于肩胸，腰束宽带，两臂曲抱胸前，双手托书卷，两足半露，穿翘首履，立于方坛座之上。

铜药王坐像

明（1368～1644 年）
高 20.3 厘米
甘肃省平凉市崆峒区征集
平凉市博物馆藏

坐姿，长老形象，头戴云纹发冠，大耳垂轮，方面庞，弯眉秀目，高鼻小口，三须贴垂至胸，内着交领软施，外穿通肩大衣，腰系缯带，双臂曲置胸前，左手托钵，右手持曲柄如意，足穿云头软靴，仪态沉稳，端坐于四足椅座之上，座背阳铭"金火匠姓与字"，前座沿铭"长洲长子璟□夫人宋氏"10 字，此像为明代珍贵文物。孙思邈，唐代京兆华原（陕西铜川市耀州区）人，是道士兼名医，所著《千金要方》《千金翼方》是我国最早的临床医学百科全书，《太清丹经要诀》是唐代炼制外丹之代表作。宋徽宗敕封其为"妙应真人"，后被世人尊为"药王"。

Tao Gives Birth to Everything

道教以道生万物、德养万物为基本思想，崇尚自然，重视生命，倡导人与自然和谐相处。"修道需修德"的理念与儒家"修齐治平"的人生追求相契合，顺应自然的人生态度与封建集权制度相协调，炼丹养生健身的方法也与民众信仰相适应。无论是在精神信仰层面，还是民俗生活方面，道文化都发挥着潜移默化的作用，深刻影响着中国人的文化生态。

Taoism is based on the thought "Tao creates all things while morality nourishes them". It respects nature, attaches importance to life and advocates harmony between man and nature. The concept "cultivation of Tao requires cultivation of morality" is congruous with pursuit of Confucianism "cultivate moral character, and then you could cultivate your family, administrate the country, and bring peace all over the world", the life attitude of following law of nature adapted to feudal centralization and methods for alchemy and keeping fit compatible with popular religion. Taoism culture has a subtle influence over Chinese cultural ecology whether in spiritual level or in folk life.

祈福延寿

　　"福寿绵长"自古以来就是人们对于生命的追求。道教以"修道养寿""修道成仙"为终极目的，其倡导的"长生久视"理念与中国传统的"祈福延寿"文化相契合，体现了道文化对自然万物和宇宙生命的敬畏和尊崇。

粉彩福星立像

清（1644～1911 年）
高 45 厘米
甘肃省平凉市征集
平凉市博物馆藏

瓷质，通施白釉，五彩描绘，头戴中冠，方面大耳，目视远方，长须披胸，身着长袍，双手搂抱一童子，衣摆扫地，外露高底靴。衣纹自然流畅，彩绘繁缛华丽，为清代珍贵文物。

粉彩禄星立像

清（1644～1911 年）

高 46.5 厘米

甘肃省平凉市征集

平凉市博物馆藏

瓷质，头戴乌纱帽，大耳方脸，目视远方，长须
垂胸，身着龙袍，胸饰佩项，腹系玉带，右手握
玉带，左手抱如意，款袖下垂，衣摆扫地，外露
高底靴。衣纹自然流畅，彩绘繁缛华丽，为清代
珍贵文物。

粉彩寿星立像

清（1644～1911 年）
高 39 厘米
甘肃省平凉市征集
平凉市博物馆藏

瓷质，站姿，老翁形象，双耳垂眉，红光满面，笑容可掬，慈目朱唇，白须掩胸，身穿款袖，外着无袖长袍，脚穿白底红靴，双手拄杖而站，像底印款："福建会馆游长于造"。此像造型生动，服饰华丽美观，是清代瓷塑中的珍品。

寿星又称南极仙翁、玉清真王、长生大帝等，传说为道教元始天王第九子，是主掌人寿命的天神。寿星祭祀原为朝廷祀典，唐时东方角、亢七宿和南极星设坛并祭，宋以后混而为一，明朝时取消了国家祭祀，寿星就成了最具世俗品格的神仙。

玉雕寿星立像

清（1644～1911 年）
高 35.5、宽 21 厘米
甘肃省平凉市征集
平凉市博物馆藏

玉质，体呈立姿，老翁形象，双耳垂肩，红光满面，笑容可掬，慈目朱唇，白须掩胸，身穿款袖，内服外着无袖长袍，脚穿白底靴，双手拄杖而站于椭圆形台座之上。

"寿山福海"铜镜

明（1368～1644 年）

直径 30 厘米

1973 年甘肃省平凉县（现崆峒区）柳湖公社天门大队出土

平凉市博物馆藏

圆形，圆钮。钮上下左右各有一铭文，合为"寿山福海"4
字，字体规整，外饰一周凸弦纹，素缘。

青花五蝠捧寿纹瓷盘

清（1644～1911 年）
口径 11.8、底径 6.7 厘米
甘肃省平凉市征集
平凉市博物馆藏

敞口，浅弧腹，圈足。白釉青花，盘内口
沿饰一道弦纹，盘心绘双重圈，内画五只
蝙蝠环捧一团寿。外壁画三只蝙蝠，足底
饰两道弦纹，内画"豆腐干"花样款，足
圈刮釉。

竹雕松鹤纹笔筒

清（1644～1911 年）

口径 12、高 39.5 厘米

甘肃省平凉市征集

平凉市博物馆藏

圆筒形，器表髹酱色漆，浮雕仙鹤、梅花图，两
只仙鹤站立在梅枝上，一只仰头张嘴，一只回首
抖翅，生动逼真，手法细腻。

铜刘海戏蟾像

明（1368～1644年）

高 17.5 厘米

甘肃省平凉市征集

平凉市博物馆藏

刘海圆首大耳，脸带微笑，着短衫，敞胸腹，右臂曲面上扬，左臂微直，双手握钱枝，左足曲悬，右足踩于蟾背，作舞蹈貌。蟾鼓眼，前伸两爪，尾一爪右折。

刘海戏蟾是一个古老的中国民间传说故事，来源于道家典故。刘海少年时上山打柴，看见路旁一只三足蟾蜍受伤，便急忙上前为之包扎伤口，为了感激刘海的恩情，蟾变成了美丽的姑娘，并与刘海成婚生子。这位蟾蜍所变的妻子还能口吐金钱和元宝，故中国民间有金蟾能吸财镇宅辟邪之说，此像对研究甘陕民间财神崇拜提供了实物资料。

　　八仙是中国民间传说中广为流传的道教八位神仙，有汉八仙、唐八仙、宋元八仙等不同说法，明代始固定为铁拐李、汉钟离、张果老、吕洞宾、何仙姑、蓝采和、韩湘子、曹国舅。八仙均为凡人得道，代表了男女老少富贵贫贱，性格也近乎凡人。八仙在官方、民间均有广泛的影响力，堪称凡间神仙的代表，也是道教艺术最常见的母题之一。

粉彩暗八仙纹阴阳鱼笔洗

清（1644～1911 年）
高 6.4、口径 14.8、底径 9.1 厘米
甘肃省平凉市征集
平凉市博物馆藏

白釉五彩。直口，弧腹，矮圈足。笔洗内 S 形隔板将笔洗分为两部分。腹外壁以红、黄、蓝、绿、紫绘暗八仙图，足圈内有"大清同治年制"六字楷书款。

暗八仙是由八仙派生而来的一种传统装饰纹样，纹样中并不出现人物，而是以八仙各自所持之物代表各位神仙：葫芦和拐杖代表铁拐李，扇子代表汉钟离，渔鼓（或道情筒和拂尘）代表张果老，宝剑代表吕洞宾，荷花或笊篱代表何仙姑，花篮代表蓝采和，笛子代表韩湘子，阴阳板代表曹国舅。暗八仙纹流行于清代。

　　厌胜是一种避邪祈吉的民间习俗，用法术诅咒或祈祷以达到制胜所厌恶的人、物或魔怪的目的。道教科仪常以铜镜和铸钱为法器和厌胜物，用以厌胜、镇煞、驱邪。道士在室内悬镜，出行在外也佩镜，用于辟邪防身。道教所用以八卦纹铜镜、铜钱最为典型。以钱压胜镇墓汉代最为流行，此后发展扩散，诸如开炉、镇库、祝寿、赏赐、庙宇、供养、上梁、凭信、戏作、棋钱、冥钱、瘗钱等，都使用非流通货币为压胜钱，其作用也从压胜扩展到祈福、娱嬉、辟邪等。

契丹文八卦铜方镜

辽（916～1125 年）
边长 14.1 厘米
甘肃省平凉市征集
平凉市博物馆藏

方形，小圆钮。两凸弦纹方框将镜背分作三区。内区四灵绕钮分列四方，其外环饰八卦纹；中区作十二生肖带；外区为契丹文带。窄素缘上印刻"平凉府官"，乃金代验记。

压胜铜钱（10 枚）

清（1644～1911 年）
直径 4.6～6 厘米
甘肃省平凉市征集
平凉市博物馆藏

Ⅰ式，圆形圆穿，外廓较宽，正面外饰八卦符号，内阳刻楷书"乾坎艮震巽离坤兑"八字，背面十二地支配以十二生肖或符文。Ⅱ式，圆形圆穿，外廓较窄。一种两面纹饰相同，龙纹或缠枝纹及贯线；一种正面饰仙人、仙鹤、童子齐寿图案，背面从里到外依次为十二地支，回纹，十二生肖。Ⅲ式，圆形圆穿，外廓较窄，一面阳刻楷书"长命百岁"四字，一面阳刻楷书"富贵长久"四字。顶部作弧形，边沿均匀分布三圆穿，内阳刻楷书"桂"字。

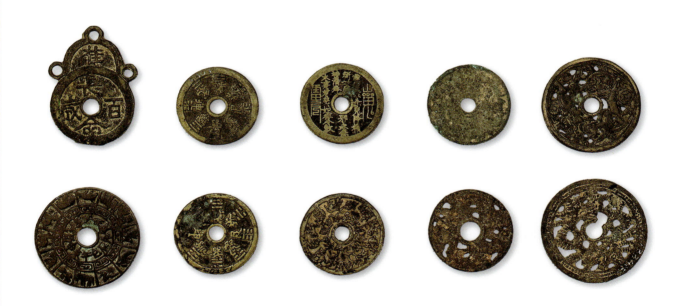

紫檀木玉如意

清（1644～1911 年）

长 53 厘米

孙纯一捐赠

平凉市博物馆藏

楸木柄，首尾及体中镶嵌青玉，首部方圆玉面浮雕博古仙桃，
中部椭圆玉面浮雕博古佛手，尾部圆形浮雕博古石榴，为清代
珍贵文物。

象牙笏板

清（1644～1911 年）
长 51.5、宽 7.5 厘米
孙纯一捐赠
平凉市博物馆藏

黄白色，一头大，一头小，呈弧形。

结语

Conclusion

　　崆峒巍巍，泾河荡荡。发源于崆峒山的"道源文化"，是治国之道、为人之道与养生之道的和谐统一，是中国"道文化"对当今世界的智慧与启迪。

　　道可道，非常道。纵观数千年中国"道文化"，传奇在古今，智慧在其中，可以君子万年，可以经营四方。只有明道若昧，从根本上把握"道文化"的思想内核，去粗取精，去伪存真，继往开来，传承创新，才是文化自信的大道、正道、至道。

　　"Taoism culture" originating from Kongtong Mountain is a harmonious unity of the way to govern a country, way to be a virtuous man and way to keep healthy and shows the wisdom of Chinese "Taoism culture".

　　The Tao that can be trodden is not the enduring and unchanging Tao. The "Taoism culture" handed down for thousands of years is full of wisdom and can guide us throughout our life. Only by understanding our Tao, can we grasp the cream of "Taoism culture", assimilate the fine essence while discarding the dross and make innovation on the basis of inheritance.

汉风藏韵

——佛像艺术陈列

Buddha Art Display

Foreword

佛教起源于公元前六世纪的古代印度，随着丝绸之路的开拓与发展，公元一世纪左右开始传入我国。十六国时期，佛教艺术传入平凉。北朝至唐代，佛教艺术经过不断融合，向着本土化、民族化发展，开窟建寺、立像造塔，蔚然成风。佛像制作精美，工艺精湛，特征鲜明。元明清时期，随着藏传佛教的兴盛，呈现出风格迥异的艺术特征。平凉佛像艺术从最初的学习借鉴，到逐步繁荣兴盛、融合改造，将佛教的宗教性、社会性与艺术性巧妙结合，留下了大量不同形式、不同风格的佛像艺术珍品。

Buddhism originated in ancient India in the 6th century BC. And as the silk road developed, it was introduced into China around the 1st century AD. During the period of Sixteen Kingdoms, Buddhist art was introduced into Pingliang. From Northern Dynasty to Tang Dynasty, Buddhist art was indigenized and nationalized through continuous integration. Opening grottoes, making Buddha statues and building temples and pagodas became common. The Buddha statues were exquisite with distinctive features. During Yuan, Ming and Qing Dynasties, as Tibetan Buddhism flourished, Buddhist art presented different features. From the initial learning and reference to the gradual flourishing and fusion, Buddha art in Pingliang combined religious, social and artistic natures of Buddhism, leaving lots of Buddha statues in different forms and styles.

Rising Buddhism

北朝时期的佛像艺术

　　魏晋南北朝时期，三秦与五凉政权的统治者推崇并弘扬佛法，开窟建寺、立像造塔之风渐兴。陇东地区的南石窟寺、北石窟寺、王母宫大佛洞、石拱寺等均为北朝时期开凿。其造像体现了北魏晚期佛像艺术的特点，多呈秀骨清像；造像塔多为楼阁式，四面雕刻佛像及佛传故事，有的还刻有供养人及发愿文，纪年明确；造像碑多雕刻佛与菩萨像及本生、佛传故事，题材通俗易懂。

　　During Wei, Jin and Southern and Northern Dynasties, rulers of three Qin and five Liang Kingdoms promoted Buddhism. Opening grottoes, making Buddha statues and building temples and pagodas became common. South Grotto Temple, North Grotto Temple, Wangmugong Grotto and Stone Arch Temple in eastern Gansu Province were all built in the Northern Dynasty. These Buddha statues reflect the artistic features in the late Northern Wei Dynasty, most of which are lean. Figured pagodas with Buddha figure, covered with carving Buddha figure and Buddhist stories, are in loft style, some of which are also engraved with the name of pilgrims and vows with specific time. And most figured steles are engraved with Buddha and Bodhisattva figure, Jataka Tales and Buddhist stories, which are easy to understand.

石刻造像

　　石刻造像是古代佛教雕刻艺术的主要形式，南北朝、隋唐是石刻造像最盛时期。许多寺庙建筑因年久失修被毁，泥、木佛像保存下来的很少，石刻造像却保存较多，其中不乏刻有明确纪年的精美造像，具有很高的历史和艺术价值。

吕太元造石佛坐像

北魏正始四年（507 年）
高 26.5、宽 19.5 厘米
甘肃省平凉市征集
平凉市博物馆藏

青砂石质，通体莲瓣形，主尊坐佛禅定印，结跏趺坐于须弥座上，螺髻高耸，双耳垂肩，眉如新月，双目微睁，鼻梁平直，嘴唇上翘，面相清瘦，着褒衣博带式袈裟，衣褶作平行阶梯状，头光为同心圆形，外光刻弧线形火焰纹，内光为一圈莲瓣。佛左右两侧各为一胁侍菩萨，着三角形帔帛，缯带束发，面相丰润，有莲瓣形头光，背光刻"S"样火焰纹，须弥座上刻"S"样交错水波纹，下有"正始四年三月一日弟子吕太元一心供养"阴文刻记。

石雕佛头像

北周（557～581 年）

高 25 厘米

甘肃省泾川县征集

平凉市博物馆藏

青砂石质，佛像螺髻，垂耳，弯月眉，丹凤眼，蒜头鼻，上唇内收，唇角上翘，脸庞丰腴，面带笑意，脑后及颈下各有一方形榫孔。雕工精湛，栩栩如生。

造像碑

　　造像碑是主要流行于北朝时期的一种佛教石刻造像形式。在石窟寺盛行的北朝，虔诚的佛教徒从中国传统的碑刻艺术中找到了灵感——在石碑上开龛造像，题材和风格与同时期石窟寺相仿。造像碑是小型深浅浮雕作品，于碑身正面或两面或四面，以浮雕、线刻形式开龛造像，用以还愿或施功德，下部铭刻造像缘由和造碑人的姓名、籍贯、官职等文字，有的还线刻供养人像。造像碑式样繁多，少有雷同。

一佛二菩萨造像碑

北魏（386～534年）
高31、宽21、厚5厘米
1987年甘肃省崇信县征集
崇信县博物馆藏

质地为砂岩，保存基本完整。造像碑平面呈长方形，正中为一拱形龛，主尊面目清秀，内着僧祇支，外着双领下垂式袈裟，手施无畏与愿印，结跏趺坐，衣摆覆座。两侧有胁侍二菩萨，各立于一方座上。龛上长方框内为五尊小佛，通肩衣、禅定印，均结跏趺坐。龛外两侧自上而下各有一金翅鸟、一半蹲式作承托状力士、一跪拜供养菩萨和一护法狮子。龛外下侧题记漫漶不清，此造像碑为研究北魏时期佛教艺术的珍贵资料。

张丑奴造像碑

北周保定四年（564 年）

高 84、宽 29、厚 8 厘米

1992 年甘肃省华亭县（现华亭市）南川乡谢家庙窖藏出土

华亭市博物馆藏

砂岩质，首半圆，底方榫。碑阳内容三层：上层为帷幕形龛，上饰火焰纹。龛内雕二佛五弟子，主尊均高髻大耳内着僧祇支，外着通肩袈裟，半结跏趺坐，作说法状；五弟子着袈裟，双手抱腹，作听法姿态。中层中间雕尖拱形龛，内有一佛二弟子，佛施与愿印；龛外两侧各凿一帷幕形小龛，内立一菩萨。菩萨戴花冠，束发宝缯下垂两肩，施与愿印。中层佛、弟子、菩萨衣着与上层近似。下层右面雕帷幕形龛；左面雕尖拱形龛，内一佛二菩萨。右龛内主尊高髻，大耳，着通肩袈裟，交脚坐于方座之上，施与愿印；二弟子与上层相同。左龛内主尊高髻、大耳，外着双领下垂式袈裟，结跏趺坐，施禅定印；二弟子身材较小，站立于方座上。碑阴分二层，上层和碑阳相同，阴刻尖拱形龛，内一佛二菩萨；下层阴刻发愿文 7 行 97 字。此造像碑佛龛形式多样，内容繁多，工艺精美，纪年明确，具备北周佛教造像的断代标准。

造像塔

造像塔源于古印度"窣堵波"。传入中国后，工匠结合民族传统，创造出多种式样的石造像塔，在塔身各面雕刻佛、菩萨像及本生、佛传故事等。

路氏造像塔

北周明帝二年（558 年）
高 78.6、顶方 15.2×15.2、底方 26×26 厘米
1992 年甘肃省华亭县（现华亭市）南川乡谢家庙窖藏出土
华亭市博物馆藏

砂岩质，体呈四棱柱状，分三级，向顶渐收，高浮雕。上段四面均拱形龛，雕一佛二弟子，佛着通肩大衣，施禅定印，结跏趺坐；弟子侧身立于两侧莲花之上。中段四面亦拱形龛，均雕一佛二弟子，佛施与愿印。下段四面亦拱形龛，正面、左侧面及背面雕一佛二弟子；右侧面雕释迦、多宝，均施说法印。正面、右侧面及背面龛柱刻发愿文 79 字，文中记此塔是路氏为夫所造，此造像塔为北周佛教造像中的上乘之作。

禅佛寺

位于平凉市东 20 公里的潘原古城，十六国时期兴建，寺早年已毁。先后出土石造像塔、造像碑残件 40 余件，其中有北魏景明四年（503 年）、延昌三年（514 年）、神龟元年（518 年）、神龟二年（519 年）等明确纪年的石造像塔残件，多雕刻结禅定印、说法印的坐佛，立佛，释迦、多宝并坐，也有雕刻乘象入胎等佛传故事。造像塔均属多层石塔，但都无法完整组合复原。仅以北魏景明四年（503 年）塔为例，单层高度 44 厘米，若以五层推算，总高度也在 200 厘米以上，十分壮观。

石造像塔

北魏延昌三年（514 年）
高 34 厘米
1983 年甘肃省平凉市（现崆峒区）潘原古城禅佛寺遗址采集
平凉市博物馆藏

灰黄色砂岩质，塔身作上小下大四面柱状，顶部有圆形卯，四壁开方龛，均雕一坐佛二菩萨，佛高髻垂耳，眉眼细长，面相清癯，着通肩袈裟，衣褶细密，衣摆下掩，结跏趺坐，正面佛施与愿印，有四足床座，余均作禅定印，龛周有"延昌三年（514 年）"刻记，风化严重，多漫漶不清。

金铜造像

　　金铜造像是魏晋南北朝时期因佛教兴起而迅速发展起来的一种造像形式，用红铜或青铜、黄铜铸造而成，有些表面鎏金，多供奉在家中、宫中和佛寺之中，早期称为"金人"，后来也称为"金泥铜像"。既有高达数丈的巨制，也有便于携带的小"行像"。

铜佛坐像

北魏（386～534年）
通高6.4厘米
甘肃省灵台县征集
平凉市博物馆藏

馒头状肉髻，面相方圆，脑后有椭圆形背光。身着袒右肩袈裟，双手交叉置于腹前，结跏趺坐于方床之上。背面一龛内，两佛结跏趺坐于方床之上。

铜佛坐像

北魏（386 ～ 534 年）
通高 7.5、宽 2.6 厘米
甘肃省庄浪县征集
平凉市博物馆藏

头戴幞帽，细鼻长脸，着宽衣贴在四足方床之
上，背有桃形头光，上刻火焰纹，整体嵌于木质
座内，木座正面有刻线花纹，为后期所配。

鎏金铜带华盖佛坐像

十六国时期（304 ～ 439 年）
通高 19 厘米
1976 年甘肃省泾川县玉都公社太阳墩大队窖藏出土
甘肃省博物馆藏

由可拆卸的四部分组成：华盖、背光和头光、置于狮子莲花座上的佛身、四足底座。

佛磨光高肉髻，面形方圆，细眉大眼，高鼻小嘴，双耳垂肩，头微微前倾下视，流露出庄严、大方、智慧的气度；身着通肩式袈裟，阶梯式衣纹，双手置于腹前作禅定印，结跏趺坐于双狮方形座上，方座下有四足；背光、项光由一大一小两圆层叠而成，上饰浮雕莲瓣；头顶有伞形华盖，周边凿小孔，为挂饰品所用。其形象与服饰虽有西域早期佛像的风格，但已有汉化的倾向。造像通体鎏金，庄严华贵，制作精美，保存完整，是我国早期佛教金铜造像的珍品。太阳墩村窖藏共出土 10 件铜质文物，此造像是其中一件，还有一方"归义侯"铜印。

十六国时期全国出土铜佛造像极少，此尊佛造像显得尤为珍贵，而带有华盖的佛像更为罕见。华盖是中国古代帝王专用的象征物。其用于佛像之上，是佛教本土化的符号之一，证明了平凉在佛教东渐过程中的重要地位。

铜观音立像

北周（557～581年）
高 22 厘米
甘肃省崇信县征集
平凉市博物馆藏

主尊观音，二菩萨，二弟子组合。观音头戴莲冠，面相长圆，眉目清秀，着帔帛与裙，颈系项圈，璎珞于腹前穿环下垂至膝，左手下垂执净瓶，右手上举握柳枝，缯带沿体侧下垂，跣足立于仰莲座上。莲瓣形头光上浮雕三坐佛，刻火焰纹。两侧胁侍菩萨头戴莲冠，身着衫裤，跣足立于莲茎座上，莲瓣形头光饰火焰纹。二弟子秃发，面相方圆，身着袈裟，背向而立作护法状，五尊造像均作榫卯式连接于上圆下方四足床座上。

宝宁寺供养佛舍利

  1969 年初，泾川县泾河大桥施工中发现佛舍利套函文物一组，套函由石函、银匣、金匣、琉璃瓶组成，琉璃瓶内有舍利数十粒，石函内另有小银刀、小铜刀、金钗、铜钗、玉钗等。

石函

北周天和二年（567 年）
长 68、宽 49.5、高 46 厘米
1969 年甘肃省泾川县宝宁寺遗址出土
平凉市博物馆藏

青砂岩质。函体长方形，盝顶式盖，子母口扣合。函体正面阴刻楷书"真容虚寐妙愍疑神圣智无私言谈
□绝然宝宁寺比丘慧明谨□衣钵之余仰为七世所生法界合识敬造石像一区琢磨已就莹芳殊丽虽不□氏见
存与真踪无异籍此善□颠上来而外合国黎庶俱登正觉北周天和二年岁次丁亥八月庚子"96 字刻记，背面
浅浮雕两供养人和双狮图案。

银匣

北周天和二年（567年）
边长7、高8.1厘米
1969年甘肃省泾川县宝宁寺遗址出土
平凉市博物馆藏

正方形盝顶，子母口，银匣呈方形。

金匣

北周天和二年（567年）
边长6.4、高7.3厘米
1969年甘肃省泾川县宝宁寺遗址出土
平凉市博物馆藏

正方形盝顶，子母口，金匣呈方形。

琉璃舍利瓶

北周天和二年（567年）
残高5.7、壁厚0.06厘米
1969年甘肃省泾川县宝宁寺遗址出土
平凉市博物馆藏

翠绿色透明玻璃质，口微侈，细长颈，球
形腹，底内凹。

　　南石窟寺位于泾川县城东 7.5 公里处泾河北岸的蒋家村，据《南石窟寺之碑》记载，系北魏永平三年（510 年）泾州刺史奚康生所开凿，现存 5 窟。1 号东大窟为主窟，高 11 米、宽 18 米、深 13.2 米，覆斗形顶，方门，门上设明窗，结构独特，造型宏伟；窟内雕 7 尊高达 6 米的佛像，两旁有 14 身胁侍菩萨，高 3.5 米，形态各异，栩栩如生。

　　南石窟寺与庆阳北石窟寺同为奚康生所开凿，地理位置南北呼应，造像风格如出一辙，堪称姊妹窟，被誉为"陇东石窟双明珠"。

南石窟寺 1 号东大窟局部复原场景

第二单元 盛世佛光

Flourishing Buddhism

隋唐北宋时期的佛教艺术

　　隋唐时期，国家强盛，中外文化交流频繁，为佛教艺术的发展提供了良好的社会环境。此时的佛像不再模仿外来的艺术风格，而是向着本土化、个性化的模式发展，造像艺术达到鼎盛时期。宋代，佛像艺术进一步中国化、世俗化。隋唐以来，佛舍利供养之风大兴，丝路重镇泾州（今泾川）一度成为统治者和佛教徒供养和瘗埋佛舍利的佛宝圣地，大兴国寺、大云寺、龙兴寺累代兴建，舍利供养代有传承。

　　During Sui and Tang Dynasties, frequent cultural exchanges between China and foreign countries provided a good social environment for the development of Buddhist art. The statue art reached its peak during this period when Buddha statues were indigenized and individualized instead of imitating foreign style. In the Song Dynasty, Buddha art became more secular with more Chinese characteristics. Since the Sui and Tang Dynasties, making offerings to Buddha relics flourished. Jingzhou (now Jingchuan), an important town on the silk road, once became the Buddhist holy land for rulers and Buddhists to offer and bury Buddha relics. Daxingguo Temple, Dayun Temple and Longxing Temple were built through generations with inherited relics.

隋唐石佛造像

隋代至唐初的佛教造像，上承北周遗风，下启大唐新韵。佛像面相方圆，脖颈略显粗长，躯体敦实；菩萨像比例协调匀称，整体造型婀娜优美。

石雕菩萨头像

隋（581 ～ 618 年）
高 36 厘米
1983 年甘肃省平凉市（现崆峒区）潘原古城禅佛寺遗址采集
平凉市博物馆藏

青灰色砂石质。菩萨头戴联珠冠，束髻，垂耳，眉似新月，双目微睁，眼角下垂，鼻梁平直，唇角上翘，面相丰腴，微带笑意，脑后有方形榫孔。雕工精湛，手法细腻。

石雕菩萨立像

唐（618～907年）
高30、长11、宽7.5厘米
甘肃省平凉市征集
平凉市博物馆藏

青砂石质，菩萨跣足站立于上圆下方形基座上，云髻高束，颈系项圈，左臂上举，手握桃，右臂下垂，腕带镯，着袒左式束腰贴身长裙，裙带沿体侧下垂，面相丰润恬静，微带笑意，腰肢适度扭曲，富于动感，有莲瓣形头光。

隋唐金铜造像

　　隋唐时期的金铜造像较北朝时期造型繁缛精细，构思巧妙别致，制作工艺洗练纯熟，且多采用通体鎏金的技法，体现了富丽堂皇的盛世气象和金光灿灿的奢华之风。

鎏金铜七佛像

唐（618～907年）

通高5.8厘米

1967年甘肃省灵台县新开公社寺沟大队出土

平凉市博物馆藏

一莲枝梗上有七朵莲花，每朵莲花上有一结跏趺坐小化佛。化佛排列有致，正中一佛脑后为椭圆形头光，枝梗下接四足方床，通体鎏金。

鎏金铜观音立像

唐（618～907年）
通高11.3厘米
1967年甘肃省灵台县新开公社寺沟大队出土
平凉市博物馆藏

头戴宝冠，面相方圆，脑后有镂空桃尖形背光，背光顶端置一小坐佛。身着圆领通肩披帛，细腰束腹，右手曲至肩，左手下垂持一净瓶，跣足立于束腰座之上，下接四足方床，通体鎏金。

鎏金铜菩萨坐像

唐（618～907年）
通高9.2厘米
1967年甘肃省灵台县新开公社寺沟大队出土
平凉市博物馆藏

头戴宝冠，面相清秀，眉眼细长，颈饰项圈，上身袒露，下着长裙，右手扶膝，左手上举至肩，一腿自然垂下，一腿盘起坐于圆台之上，下接四足方床，莲瓣形头光上有一小坐佛，通体鎏金。

彩绘坐佛砖

唐（618～907年）
长36.7、宽35、厚6.3厘米
1957年甘肃省灵台县城东北寺咀出土
灵台县博物馆藏

砖灰陶质，正方形，均正面开壶（kǔn）门龛，浅浮雕一佛图，佛像大同小异，矮髻，面相丰满，有圆形头光和背光，肩披袈裟，内着僧祇支，双手合十，结跏趺坐于莲座之上，砖面有红、白色彩绘痕迹。此类佛像砖发现较少，是研究唐代佛教艺术的珍贵资料。另有伎乐砖4块，分别为播鼓、击方响、击小锣、击拍板的伎乐天人。

塔式罐

　　塔式罐也叫皈依罐，俗称魂瓶，因形似佛塔而得名。起源于汉代，盛行于唐宋，初为佛教僧侣或信众茶毗后盛装骨灰的特殊葬具，后来逐渐演变为陪葬的明器。以三彩陶最为多见。一般由三部分组成：上部是高耸的圆锥形盖；中部作罐形，鼓腹，平底；下部为高大的底座，承托罐身。

彩绘陶塔式罐

唐（618 ～ 907 年）

通高 75 厘米

甘肃省平凉市征集

平凉市博物馆藏

泥质灰陶，通器由塔刹形盖，小口鼓腹罐，龟驼束腰仰莲座三件组合而成，盖加三道堆塑花边；罐口沿至腹部作四道堆塑花边，腹中部堆塑五组带莲瓣座的兽面；座为仰莲口，鼓腹堆塑四组带莲瓣座的兽面，束腰加一道堆塑花边，下为龟形足。通体饰白陶衣，有红彩饰绘痕迹。

彩绘陶塔式罐

唐（618～907 年）
通高 55.3、罐口径 11.8、底径 12.3、座底径 16.2 厘米
1979 年王平生捐赠
平凉市博物馆藏

泥质灰陶，通器由盖、罐、座三部分组成，螺壳形塔式宽平沿盖，方唇直口鼓腹平底罐，镂空束腰座，罐颈部刻凹弦纹，肩部刻折线三角纹，腹部加两道堆塑花边。座作长方形，三角形，横 "8" 字形镂孔，加五道堆塑花边，通体罩白陶衣，罐肩部有红彩饰绘痕迹，图案模糊不清。

泾州大云寺舍利套函

由内向外共五重：

玻璃舍利瓶：高 2.6、腹径 2.1、口径 0.5 厘米。白色透明玻璃质。小口，鼓腹，平底，内存佛骨舍利 14 粒。

金棺：长 7.5、前宽 6、前高 6 厘米。覆瓦式棺盖，平面梯形棺身，下有勾栏底座一周，总体前高后低、前宽后窄。棺盖、棺身前端及两侧镶嵌白色珍珠与绿松石，贴金片莲瓣、莲蒂等。

银椁：长 10.7、前宽 8.4、前高 9.3 厘米。形制与金棺基本相同。椁身两侧前后各附一圆环，通体錾刻缠枝忍冬花纹。

鎏金铜匣：通高 12.7、长 12.3、宽 12.3 厘米。覆斗形盖，平面方形匣身，底部出方形座。盖顶正中嵌莲花座桃形银钮。匣体正面有三个花瓣形银扣，挂鎏金铜锁钥；背面有两银质合页将盖与匣身连接。通体錾刻缠枝忍冬花纹。

石函：通高 42.5、长 50.5、宽 49.5 厘米。灰色大理石质。平面方形函体，覆斗形盖。盖上有阳文隶书"大周泾州大云寺舍利之函总一十四粒"16 字铭文，四周雕刻缠枝忍冬花纹。函体四周及口沿遍刻施主姓名及铭文千余字。

这套五重舍利套函，是目前发现最早的棺椁式瘗埋舍利的实物资料，是佛教文化与中国本土习俗相融合的一个例证。

宋代造像

　　宋代的佛像，虽然在数量和规模上稍逊于隋唐时期，但其造型的饱满瑰丽和手法的洗练圆熟，给人以焕然一新之感。造像多写实，以现实生活中修行僧侣为原型，风格与审美情趣完全迎合当时社会的需要，基本完成了民族化、世俗化的转变。而且南北风格差异较大，北宋佛像普遍身躯壮伟、宽肩阔胸，尽显雄健粗犷之风；南宋佛像则华丽纤细、比例匀称，注重人物心理刻画。

彩绘铜菩萨立像（残）

宋（960～1279年）

高 145 厘米

甘肃省平凉市崆峒区征集

平凉市博物馆藏

观音菩萨高发髻，戴花冠，缯带分附两肩，脸庞丰满，额有白毫，大耳坠珠；颈藏项圈，胸饰璎珞，肩披巾帛而绕臂长垂，腰着长裙，裙带亦垂璎珞，右臂残而不明，左臂下垂，手提净瓶，跣足并立于圆形莲台之上。花冠及外露肌肤均涂金，披帛与裙施绿彩。造像形象俊美，神态婀娜，是研究宋代佛教造像艺术的珍贵资料。

第三单元　梵音妙像

Sanskrit and Buddha Statue

明清时期的佛像艺术

　　明清时期佛教在统治阶级的尊奉推崇下继续发展。永乐至嘉靖时期，藏传佛教艺术十分活跃，汉地传统佛像艺术在风格和造型上皆深受其影响。嘉靖以后，特别是万历年间，汉地佛像再度兴盛。从佛像雕造技法上看，明代圆润流畅，清代注重装饰，金铜佛像铸造工艺已然登峰造极。清末以后，佛像艺术发展日趋式微，鲜有精品出现。

During Ming and Qing Dynasties, Buddhism continued to develop under the promotion of the ruling class. From the Yongle Period to Jiajing Period, Tibetan Buddhism art was active, which affected the style and shape of Chinese Buddha statues. After the Jiajing Period, Chinese Buddha statues flourished again especially during the Wanli period. From the view of carving techniques, Buddha statues of Ming Dynasty have rounded shape and mellow figures while that of Qing Dynasty highlight decorations with the best casting technology of gold and copper Buddha statues. But after the end of the Qing Dynasty, the Buddha art went downhill with few masterpieces.

鎏金铜大日如来坐像

明（1368～1644 年）
高 120 厘米
甘肃省平凉市崆峒区征集
平凉市博物馆藏

头戴五佛冠，螺髻，缯带分附两肩；脸庞秀圆，额凸白毫，双耳垂肩而有珠坠，修目微闭，高鼻直棱，微笑貌；圆肩披巾，袒胸，胸有"卍"符号，着双领下垂袈裟，双手施最上菩提印，结跏趺坐于仰莲座上。莲座下有须弥式台基，两座以中轴连接，可转动。披巾、袈裟之边浮雕缠枝莲花纹，缯带刻"十"字状四叶纹。造像做工精细，造型美观，衣纹繁缛，是中国明代雕塑艺术与佛教艺术完美结合的典范之作，具有很高的艺术研究价值。

铜千手观音坐像

明（1368～1644 年）
高 74 厘米
甘肃省平凉市崆峒区征集
平凉市博物馆藏

此尊造像头戴宝冠，冠内置三层共九面佛头，最
顶部佛头饰扇形尺梳。观音额发微曲，肩上留数
根小辫式余发，饰圆形耳铛，戴璎珞珠串、臂
钏。上披披帛，披帛绕肩下垂，从身下出，在莲
座前伸出，下着长裙。中央主臂合掌置于胸前，
主下双臂轻置小腹，拇指与食指作微曲之状。其
余手臂分别向两边伸出，各持宝月、锡杖、杵、
梵箧、宝镜、金铃、莲花、莲蕾等不同法器，作
扇形分布。全跏趺坐于莲花座上，莲座束腰不
深，莲瓣宽大，排列疏朗，尖部饰卷草纹，座上
下缘施排列疏朗的联珠纹，联珠雕刻略浅。造像
整体协调美观，璎珞装束华丽大方，整体保存完
好，铸造工艺精美，为研究明代造像风格提供了
依据，是一件难得珍贵文物。

彩绘刷金铜观音坐像

明景泰三年（1452年）
高70厘米
甘肃省平凉市崆峒区征集
平凉市博物馆藏

黄铜质。涂金，作坐姿，高发髻，戴宝冠，冠中一小化佛，绺发拂肩，脸相丰圆，硕耳坠珠，修目微闭，抿嘴微笑，圆肩敞胸，颈戴项圈，胸垂璎珞，着通肩袈裟，双手施禅定印，结跏趺坐于三角形仰覆莲座上，座上下沿各饰一周珠点纹，座后及座面边缘錾刻楷书阳文"僧道之……景泰三年九月初一造……"等字，此像铸造工艺精湛，纪年明确，为研究明代佛教造像艺术的珍贵资料。

铜千手观音坐像

明（1368～1644 年）
高 38.6、宽 22.7 厘米
甘肃省平凉市征集
平凉市博物馆藏

观音十一面二十四臂，头戴宝冠，冠上八面，首后两面，正面脸庞圆丰，双耳长垂而饰珠坠，广额白毫，双目微闭，神态安详；绺发拂肩，飘帛绕颈缠臂而垂座，颈戴项圈，胸饰璎珞，二十四臂或合十，或捻指，或托日月，或执金刚杵、金刚铃、宝印、宝镜、经卷、莲枝等法宝；腰着长裙，结跏趺坐于仰覆莲座上。衣着线条自然流畅，裙边浮雕缠枝莲花。造像铸造工艺精湛，造型精美，是研究明代佛教造像艺术的珍贵资料。

铜布袋和尚坐像

明（1368 ～ 1644 年）

高 67 厘米

甘肃省平凉市崆峒区征集

平凉市博物馆藏

黄铜质，作坐姿，布袋和尚硕首鼓额，双耳长垂，棱眉高鼻，
鼓目微闭，开口微笑，袒右肩及胸腹，斜披袈裟，垂腹圆脐。
右臂垂置膝上而握佛珠，左手垂托左膝。右腿曲支，左腿盘曲
呈舒坐姿态，袈裟及衣边浅刻缠枝莲花，此像形体较大，神态
自然，为明代佛教造像中的珍贵文物。

Treasure of Tibetan Buddhism

　　藏传佛教艺术肇始于公元 7 世纪初，在继承印度密教艺术的基础上，不断融入西藏本土的传统信仰和民族审美情趣，形成了神祇种类繁多、形象复杂多变的独特艺术风格。常见造像题材有诸佛、密修本宗、菩萨像、度母、佛母、空行母、罗汉像、护法神及诸天像、上师像等等，形象变幻多端，刻画精妙传神，精美绝伦的佳作比比皆是。蒙元时期，藏传佛教流入内地，对关陇一带汉传佛教产生了影响。

　　On the basis of Indian Esoteric Buddhism art, Tibetan Buddhism art, appearing at the beginning of the 7th century AD, formed a unique artistic style with various deities of complex images by assimilating Tibetan traditional beliefs and national aesthetic tastes. The Buddha statues usually took the shape of figures of Buddhas, Esoteric Buddhas, Bodhisattva, Tara, Goddess, Dakini, Arhat, Dharmapala, devata and Guru. There were many fabulous works, presenting various vivid images. Tibetan Buddhism was introduced into the Central Plains in the Yuan Dynasty, imposing influence on the Chinese Buddhism in Guanzhong and eastern Gansu.

泥质模印涅槃图

宋（960～1279 年）
长 6、宽 4.5 厘米
1990 年甘肃省庄浪县水洛镇寺坪塬遗址出土
平凉市博物馆藏

模为泥质桔红陶，背略平。正面浮雕释迦牟尼佛
涅槃图案，图案中央释迦佛右手托头，体披金缕
袈裟，呈吉祥相侧卧于绳床上，面带微笑，神态
安详。十大弟子围绕床周，或掩面悲哭，或捶胸
顿足，或双手托钵，或抚佛面，或摸佛足。

铜金刚杵铃

宋（960～1279 年）
高 33.5、口径 10.5 厘米
甘肃省平凉市崆峒区征集
平凉市博物馆藏

通体由首、柄、身三部分构成。铃首顶端作圆
钮，下八条饰缠枝忍冬纹的弧棱捆箍成如意状，
内为一六臂金刚坐像，下为仰莲座。长柄饰四组
高浮雕式四体兽面纹和一大两小三组覆仰相对的
莲纹。覆钟式铃身顶部饰浅浮雕重线覆莲纹，八
只莲瓣内分别为四坐佛和四塔形物。其下两组四
周联珠纹带上饰一周变体宝相花纹，近口部两组
四周联珠纹带上饰浮雕式九条同向龙。铃身内悬
桃心状长柄铃舌。平沿上有金代阴刻"秦州成纪
县验记官"画押。

鎏金铜佛坐像

明（1368 ～ 1644 年）

高 31 厘米

1984 年平凉机床附件厂征集

平凉市博物馆藏

像黄铜质，佛螺髻。肉髻上有一圆珠形顶严，面部丰满，额有白毫，弯眉、高鼻，双目微启，唇带笑意，双耳垂肩，颈饰蚕节纹，身着右袒袈裟，双手作禅定印，结跏趺坐于仰覆莲座上，沿饰联珠纹，座呈三角形杀棱状。此像造型生动，线条流畅，是研究明代佛教造像艺术的珍贵文物。

鎏金铜佛坐像

明（1368 ～ 1644 年）
高 30 厘米
1984 年平凉机床附件厂征集
平凉市博物馆藏

像黄铜质。坐姿、有座、鎏金。头饰高螺髻，髻上有圆珠形顶严，双
耳垂肩，额饰白毫相，修眉高鼻，凤目微启，小口朱唇。颈饰蚕节
纹，袒胸，内着长裙，外穿右袒袈裟。左手施禅定印，右手施触地
印，结跏趺坐，裙摆附于座面。座为三角形束腰仰覆莲台形，浮雕仰
覆莲瓣纹及串珠纹饰。造像工艺精美，保存完整，是明代密宗造像中
的珍贵文物。

鎏金铜佛坐像

明（1368～1644 年）
高 17 厘米
1984 年平凉机床附件厂征集
平凉市博物馆藏

像黄铜质，高螺髻，髻上有圆形顶严，面部丰满，弯眉，目微启，高鼻，抿嘴，颈饰蚕节纹，双手作说法印，身着袒右袈裟，结跏趺坐于仰覆莲花座上，座呈杀棱三角形，上沿饰一圈联珠纹，通体鎏金，此像形制优美，是研究明代佛教艺术的珍贵资料。

鎏金铜上师坐像

明（1368～1644 年）
高 20 厘米
1984 年平凉机床附件厂征集
平凉市博物馆藏

像黄铜质，鎏金，作坐姿，披头巾，长脸棱眉，大眼高鼻，神情肃穆，身着袈裟，内穿高领僧祇支，两臂下垂，两手平展而相合施禅定印，结跏趺坐于方座上，衣襟掩腿垂座，此像神情端庄，衣纹刀法劲利，为研究明代藏传佛教艺术的珍贵资料。

宗喀巴

宗喀巴（1357～1419年），青海湟中人，因出生地藏语为"宗喀"，故称为宗喀巴，意为"湟中的圣人"。其三岁受戒，七岁成为沙弥，十六岁去西藏求学，遍访名师，苦读修炼佛教经典。在噶当派基础上创建格鲁派，因头戴尖顶黄帽，故又称之为"黄教"。宗喀巴被藏族人尊为"第二佛陀"，达赖、班禅为其两大弟子。

鎏金铜宗喀巴坐像

明（1368～1644年）
高30厘米
1984年平凉机床附件厂征集
平凉市博物馆藏

头戴通人冠，面容饱满慈祥，身着藏式僧衣，两手置于胸前作说法印，两腿交叉结跏趺坐于仰覆莲座上。衣褶线条流畅自然，通体鎏金。

鎏金铜宗喀巴坐像

明（1368～1644 年）
高 23 厘米
1984 年平凉机床附件厂征集
平凉市博物馆藏

像黄铜质，作坐姿，宗喀巴大师头戴蒙古尖顶僧帽，秀圆脸，纤眉高鼻，双目微睁，唇角露笑。圆肩袒右臂，斜披袈裟，内穿高领僧祇支，双臂曲于胸前，双手均捻莲枝，莲枝钩手臂而附肩侧，右莲法器失，左莲上有贝叶经，结跏趺坐于三角形仰覆莲座上，莲座上下各有一周珠点纹，袈裟及衣边均浅线刻缠枝花卉纹。此像铸工精致，神情自然，衣纹流畅，为研究明代藏传佛教造像艺术的珍贵资料。

度母

度母，全称圣救度佛母，为观世音菩萨所化现之身。有绿度母、红度母、白度母等，共二十一度母，她们作谒发誓，愿辅助菩萨救度众生，其中最受尊崇的是绿度母和白度母。

绿度母：又称救八难度母，为所有度母之主尊，被尊为尺尊公主的化身。像为菩萨装，戴五佛冠，左腿单坐，右腿向下舒展，脚踩在一朵莲花上，左手持一枝莲花，置于胸前，右手于胸前结与愿印。

白度母：又称增寿救度佛母，被尊为文成公主的化身。像为菩萨装，高发髻，头戴宝冠，结跏趺坐于莲台，左手持莲花，右手施与愿印，或双手于胸前，各持一朵莲花，花朵开在两肩上。除面生三目之外，手心、足心又各有一目，故又称"七眼女"。

鎏金铜白度母坐像

明（1368～1644 年）
高 16.2 厘米
1984 年平凉机床附件厂征集
平凉市博物馆藏

像铜质，坐姿，鎏金。头戴花冠，饰挽高发髻，作莲蕾顶严。耳饰花坠，面相方圆，额开天眼，细眉高鼻，凤目微启，丰唇阔嘴。颈饰蚕节纹，裸身赤臂，丰乳细腰，胸佩串珠璎珞，臂腕戴钏，飘帔缠绕徐垂，两肩侧附镂雕莲花枝。下着长裙，腹系璎珞带，左手屈伸胸前，掌心向外，捻莲指，施护法印，右手下垂，施与愿印，双腿结跏趺坐于三角形束腰莲台座上，座上浮雕仰覆莲花瓣纹，此像造型美观，精雕细琢，保存完整，是密宗造像中的精品。

鎏金铜绿度母坐像

清（1644～1911年）
高 23.2 厘米
甘肃省平凉市征集
平凉市博物馆藏

像黄铜质，鎏金，作坐姿，首微右倾，高发髻戴花冠，缯带垂拂肩臂，面相清秀，饰垂耳坠，宽额高鼻，细眉大眼，小口微抿而笑，袒双臂露胸腹，鼓乳细腰，颈戴项圈，胸饰璎珞，飘帛缠身绕臂而至座，着短裙与裤，带结腹部，亦垂璎珞，右手扶于右膝施与愿印，左臂屈于胸前，左腿盘屈，右腿屈伸而踩莲枝，善结跏坐于三角形仰覆莲座之上，自座下沿伸出莲枝，裙裤边线刻缠枝花卉纹，首发染蓝，珠点双唇，莲枝涂绿，璎珞珠坠或绿或赤。此像制作精致，神态生动，为研究清代佛教造像的珍贵文物。

鎏金铜尊胜佛母坐像

明（1368～1644年）
高31厘米
1984年平凉机床附件厂征集
平凉市博物馆藏

像铜质，鎏金，坐姿，三面八臂。头戴花冠，饰葫芦形高发髻，圆形莲珠顶严，大耳垂轮，饰宝相坠，柳叶眉，三眼高鼻，朱唇小口，面相丰圆，颈部饰蚕节纹，裸臂赤身，丰乳细腰，肩饰莲枝，胸佩璎珞，臂腕带钏，缯帔绕体，两臂屈于胸前，饰转轮印，一手横置足上，一手掌心向前置腿上作与愿印，左侧两臂一手向上，屈伸掌心向外，一手向下斜伸作掐指相，右侧两臂一手上举掌心向上，一手向下斜伸呈掐指相，结跏趺坐于三角形束腰莲台座上，座饰为仰覆莲瓣纹，造像造型优美，装饰华丽，是明代密宗造像中的珍品。

大黑天

　　大黑天，梵语"玛哈嘎拉"的意译，本来为古印度的战神，后被引入佛教，为男系护法天神之首，具有保护宫室、军旅、知识、财富四种济世功德。藏密中大黑天多为两臂、四臂、六臂等，主臂一般都是左托血骷髅碗，右持钺刀，头戴五骷髅冠，手上缠绕的蛇表示被降伏的龙，双脚撑开的象皮表示驱逐无明，持三叉戟是戳破天上、地上、地下诸情。

鎏金铜大黑天像

明（1368～1644年）
高55厘米
1984年平凉机床附件厂征集
平凉市博物馆藏

一面六臂，头戴五颅冠，眉毛上扬，圆目突起，张口吐舌，作怒吼状，面部泥金。最上两臂向上伸展，两手均握法器（佚失），中间两臂向外平伸，两手握法器（佚失），主臂两手置于胸前，右手掌心向上托骷髅骨碗，两腿右曲左展，足踏象王，威立于仰覆莲座上，是藏密中最重要的智慧护法神。

彩绘铜胜乐金刚像

清（1644～1911年）
高 17.3 厘米
平凉机床附件厂管教干部捐赠
平凉市博物馆藏

作站姿，由男女欢喜天与莲台座两部分组成。男天一首四面，
十二手臂，头戴戟顶十六叶花冠，均大耳垂坠，方面丰满，蚕
眉三目，高鼻笑口，冠顶施蓝色，面部涂金，手中各执莲枝、
宝剑、元宝、如意等法器，臂、腕均有钏饰，身披璎珞，其中
二臂交叉搂抱女天，两腿作弓箭步，跣足踩踏恶魔于束腰椭圆
莲座之上。女天头戴花冠，两臂曲搂男天之肩，双腿搂贴男天
腹部，与男天贴胸相向对望。

鎏金铜吉祥天母像

清（1644 ～ 1911 年）
高 27 厘米
1984 年平凉机床附件厂征集
平凉市博物馆藏

头戴五头骨，桔色火焰发，发顶端有半月，颈带人骨念珠。方面，球眼凸鼻，阔嘴
獠牙，横咬药叉的身子。上身祖露，下着短裙，右臂向右斜举，掌心向外作捻指
状，左臂曲于胸前持法器（佚失），左腿盘曲，右腿向前斜蹬，骑坐于健骡背上。
吉祥天女本是印度婆罗门教、印度教的吉祥女神和幸福女神。通体鎏金。

鎏金铜多闻天王（藏财神）像

清（1644～1911 年）
高 58.5 厘米
1984 年平凉机床附件厂征集
平凉市博物馆藏

束高发髻，戴五叶宝冠，方脸阔额，浓眉大眼，高鼻阔嘴，硕耳垂坠。身着虎头人字甲，右臂曲抬手握法器（佚失），左臂曲握银鼠，腰微右倾，右腿盘曲，左腿下垂坐于狮背上。狮作伏卧状，回首反顾，口大张，体内有嘉庆、乾隆、咸丰铜币三枚。天王面部、双手及花冠涂金，衣边线刻缠枝莲花纹。

鎏金铜增长天王像

清（1644～1911年）
高20.5厘米
1984年平凉机床附件厂征集
平凉市博物馆藏

像黄铜质，作坐姿，南方增长天王头戴兽首盔，硕耳垂坠，浓眉大眼，高鼻络须，身穿虎头金甲，胸饰宝相花，束腰革带，右臂曲前手握剑柄，左臂曲而上扬，手握剑锋，右腿前伸，左腿盘曲座上，此像造型生动，神态威严，为研究清代佛教造像艺术的珍贵资料。

藏式佛塔

　　藏式佛塔，是藏传佛教体系中一种独具特色的佛塔建筑形式。长期以来，由于藏传佛教信徒以造塔作为一种修德积福的重要途径，所以僧俗都热衷于建造佛塔，藏族地区遂成为当今世界拥有佛塔最多的地区之一。

鎏金铜塔

明（1368～1644 年）
高 25 厘米
1984 年平凉机床附件厂征集
平凉市博物馆藏

塔由塔座、塔身、塔刹三部分组成。塔座为须弥式，上承覆钵形塔身，正面开拱形眼门，接十三层相轮，上有华盖，以日、月为饰，象征佛光普照。华盖两侧各垂飘带，与塔腹相连。座腹沿边镶嵌绿松石和红宝石，座表面錾刻缠枝莲纹。

结语

Conclusion

佛像艺术历史悠久，规模庞大，内涵丰富，博大精深。

平凉出土和收藏的佛像艺术珍品，时间跨越一千五六百年之久，它们既是宗教信仰的偶像，又是各个历史时期社会面貌和精神生活的真实反映，从中可窥探中国佛教历史和佛像艺术发展的大致脉络。

佛曰：弱水三千，只取一瓢。通过展览，体悟佛像艺术的万千魅力是我们的初衷。

With the long history and large scale, Buddha art has various and profound connotations.

Buddha statues unearthed and collected in Pingliang, with about 1600 years of history, are idols of religious belief, reflecting the true social appearance and spiritual life in various periods and revealing the general development course of Chinese Buddhism and Buddha art.

As Buddha said, devote yourself to the lifelong enthusiasm. May you enjoy and perceive the charm of Buddha art through the exhibition, which is also the original intention of this exhibition.

"西出长安第一城——丝绸之路上的平凉"展览内容严谨、设计大气、制作精良，自 2019 年免费向公众开放以来，年均接待观众近百万人次，荣获 2022 年度全省博物馆陈列展览精品评选"最佳制作奖"，其中"陇宝泾华——平凉历史文化陈列"入选国家文物局 2020 年度重点推介"弘扬优秀传统文化培育社会主义核心价值观"百项主题展览，登上了中国政府网、国家文物局推介榜单，社会反响热烈。此次，我们以"陇宝泾华——平凉历史文化陈列""汉风藏韵——佛像艺术陈列""道源崆峒——道文化陈列"三个展览为基础，编辑出版《西出长安第一城——丝绸之路上的平凉》，是为了向广大读者展现平凉丰富的历史文化遗产，展示平凉精品文物，呈现平凉历史文化的起源、传承与发展，为读者提供了解探索平凉历史文化的平台载体。

《西出长安第一城——丝绸之路上的平凉》成书出版凝聚了各界人士的心血智慧。在编写过程中，兰州大学二级教授、文献学、考古学博士生导师、享受国务院政府特殊津贴专家杜斗城教授为图录作序；文化和旅游部优秀专家，中国博物馆协会陈列艺术委员会艺术顾问、中国陈设艺术委员会副主任、江苏省美术馆原副馆长、南京博物院陈列艺术研究所原所长陈同乐先生为图录提出宝贵修改意见并欣然作序；平凉地方历史文化学者，甘肃省作家协会会员，平凉市崆峒区原人大副主任、政协副主席景颢先生修改并校阅相关史料；编者在充分研究平凉历史文化和文物史料的基础上，殚精竭虑、呕心沥血，全面主持本书的整理、编写、出版等工作；副馆长杨拴平、徐冰为图录的出版倾注了大量心血，杨拴平负责图录整体内容审定，徐冰负责排版印刷出版工作；寇少丽、李昕蒙、陈航宇等同志在文物遴选、资料整理、文稿编写、文字校改、设计排版等方面做了大量认真细致的工作；张海宏、王保伟等同志提供了翔实准确的文物资料信息；曹敏同志负责书籍封面、图片等相关工作。

此外，本书中部分资料由甘肃省博物馆、泾川县博物馆、灵台县博物馆、华亭市博物馆、庄浪县博物馆、静宁县博物馆及崇信县博物馆友情提供。在此，我们向所有参与的工作人员以及提供帮助的单位和个人，致以最诚挚的感谢！

需要特别说明的是，书中文物出土地均采用出土当年的行政区划名称，对于出土时间不详的文物则使用最新的行政区划名称。

本书以精美的文物图片和丰富的历史沿革介绍为特点。然而，因编者水平有限，书中难免存在疏漏和不足之处，恳请读者批评指正，并提出宝贵意见。

编者

2024 年 8 月 20 日